幼稚園・認定こども園
キャリアアップ研修テキスト

保健衛生・安全対策

監修
公益財団法人
全日本私立幼稚園幼児教育研究機構

編集代表
小田 豊・秋田喜代美

編著
小林美由紀

中央法規

監修の言葉

　子どもは多かれ少なかれ、小さなけがをいくつも経験し、そして多くの感染症に罹患します。病気に罹患し、体がだるくしんどい経験や、けがをして痛い経験をすることによって、子どもはより強く、より慎重に行動できるように育ち上がっていきます。子どもが外界からさまざまな要素を学び育ち上がっていくためには、家庭の保護から徐々に巣立ち、慈しみ深く見守る保育者・養育者たちに囲まれて生活を送ることがとても大切です。

　各園で行われる健康診断や身体測定も非常に重要です。体重の増減による育ちの観察や小児科・歯科・眼科・耳鼻咽喉科などの検診によって、家庭での生活が推察されたり、眼科などでは、保護者が気づかなかった視力の低下などが発見されることがあり、臨界期がある弱視の治療に役立つこともあります。

　幼稚園は、幼少期の子どもたちの生活と遊びの聖地といっても過言ではありません。子どもは集団生活を経験することによって他児に出会い、さまざまなぶつかり合いを経験するなかで自分を発見し、他児とともに冒険や実験をしてその子なりに力強く賢く育ちます。このことは、子どもたちが能動的にヒト・モノ・コトにかかわったことで培われる力です。今までできなかったこと、わからなかったことがだんだんとわかり、肉体的にも思考力でも自由に操作できるような力を獲得することでしょう。

　この人間の育ちにとって大切なプロセスのなかで、避けて通れないのがけがや病気です。それを経験しなければ、体が強くなったり安全に生活する力は育つことが難しいのですが、願わくば必要にして最小限のものであってほしいと願い、私たちは環境や準備を整えます。

　幼稚園設置基準では、養護教諭の設置が義務づけられていないため、保健衛生の専門家を常駐させる義務はありませんが、多くの園では園医や園長を中心に、さまざまな健康や安全への配慮がなされています。

　2021（令和3）年2月現在、新型コロナウイルスの感染拡大で大きな制限を余儀なくされています。今後も家庭や学校施設で感染予防に留意する期間が続くようです。災害などの危機管理とともに、保健衛生や安全管理を怠りなく準備を整え、大切な命や健康が護られるよう、家庭と協力しながら努めたいと思います。

　本書で示されているガイドラインは、幼少期の教育の質を高めることを目的に設立された公益財団法人全日本私立幼稚園幼児教育研究機構のメンバーが作成に加わりました。その多くは、現場の幼稚園の園長たちです。本書が皆さま方のお役に立てることを誇りに思います。

公益財団法人全日本私立幼稚園幼児教育研究機構

理事長　安家周一

編集代表の言葉

　本書は、公益財団法人全日本私立幼稚園幼児教育研究機構の監修のもとに作成された、幼稚園、認定こども園の幼稚園教諭、保育教諭のためのキャリアアップ研修テキストです。私立幼稚園だけではなく公立・国立等の園も含め、幅広く多くの方に使っていただけるように意図して作られています。各巻の編著者もそのような研修講師経験のある方にお願いしています。

　「幼稚園におけるミドルリーダー育成のための現代的な研修システムの開発」（研究代表　神長美津子）報告書（令和3年3月）報告書によれば、幼稚園等でのミドルリーダーの立場に立つ教職員の年齢層は幅が広いこと、また他園から転職してきた教職員がミドルリーダーになる園が一定割合でみられることが指摘されています。そして、ミドルリーダーには全体を把握する組織のまとめ役としての連携やチームワークを高める役割が求められている点が明らかにされています。キャリアアップ研修は、この園の中心のまとめ役になっていく方のための研修であるからこそ、確かな最新の見識と園の多様なありように応じた豊富な事例・知識の習得や共有が求められます。

　キャリアアップ研修テキストとして、すべての会社に先駆けて中央法規出版では保育士等キャリアアップ研修用テキストを刊行し、全国の数多くの研修で使用いただき定評を得ております。その時にねらった3点が、本テキスト作成にも生かされています。第一には、最新の基礎知識の習得と同時に、より深くその知識を各園の事情を踏まえて事例・知識を共有できるようにすることです。また第二には、ミドルリーダーは自分で行動できるだけではなく「この分野なら私がわかる」と同僚に説明できるように、何がポイントかをテキストでも明確にしたと同時に、演習やグループ討議を踏まえて、講師から学ぶと同時に参加者同士もまた、事例を共有して自園と関連づけて考えられるような機会がもてるような構成を、内容に応じて設定していることです。そして第三には、保育者自身が園に持ち帰ってマイテキストとして使用できるように、書き込めるようゆとりのあるテキストとなっていることです。

　そして本シリーズでは、幼稚園や認定こども園で特にニーズの高いであろう内容として、『保健衛生・安全対策』『食育・アレルギー対応』から順に刊行していくことにしています。それによって、キャリアアップ研修のテキストの必然性をより理解していただきやすくしています。また本テキストでは、デジタル化社会への移行に応じて、学んだことと関連づけたオンライン研修や園外研修と、園内研修を往還的に結びつけることができるように、QRコードで参考資料にもすぐにアクセスできるようにしています。キャリアアップ研修に参加した人だけではなく、園の仲間との共有も容易になるであろうと考えます。

編集代表者もすべての内容を確認し、より完成度の高い内容に向けた体制で作成しております。本テキストを有効に活用することによって、キャリアアップ研修がより深い学びへとつながること、その学びの軌跡の一助に本書がなることを心より願っております。

関西国際大学客員教授・川崎医療福祉大学客員教授　小田 豊

学習院大学文学部教授・東京大学大学院教育学研究科客員教授　秋田喜代美

編集の言葉

　近年、我が国においても幼児教育の重要さが指摘されるようになり、幼児教育の無償化も進められつつあります。それとともに、乳幼児の保育・教育の担当者の専門性の向上への取り組みも進められ、私立保育所の保育士等については、全国的にキャリアアップ研修が展開されています。幼稚園教諭においては、独自に研修会を開催したり、免許状更新講習などもありますが、最近の社会情勢に合わせたキャリアアップの必要性が出てきています。

　幼稚園においては、認定こども園やプレ保育に合わせた低年齢児の保育、預かり保育における生活習慣の指導、個別的な配慮が必要な子どもの保育、災害・事故対応などの危機管理、など幅広い知識と経験が要求されるようになってきています。低年齢児の保育では、成長、発達の知識が大切で、同時に生理的発達の違いを知ったうえで体調を観察することが必要です。

　また、幼少期ほど集団生活で感染しやすくなるので、感染予防に対する最新の知識が必要です。個別的な配慮では、障害のある子どもだけでなく、アレルギー疾患や慢性疾患を抱えた子ども、加えて多文化を背景とする子どもへの配慮も必要で、さまざまな保健の知識が求められるようになってきています。災害・事故対応では、救急処置についての研修とともに、予防について組織的な取り組みができるようにならなければなりません。さらに、2020（令和2）年度に蔓延した新型コロナウイルスへの対応など、新たな健康面での配慮が必要となってきています。保健衛生・安全対策のキャリアアップにおいては、そうした新しい局面にも対応できる専門性を身につけることが求められています。

　本書では、幼稚園・認定こども園の保健衛生・安全対策のキャリアアップ研修に対応し、受講者が今までの経験を振り返りながら、検討できるようにまとめました。

　本書を執筆するにあたり、中央法規出版編集部の皆さまには大変お世話になりました。心より御礼申し上げます。

　幼児期は、環境によって大きく発達が異なり、将来の基盤をつくり上げる大切な時期でもあります。私たちには、生まれてくる環境や生まれた条件を選ぶことができない一人ひとりの子どもたちの育ちを大切にする要としての役割が求められていることと思います。同時に、子どもたちは私たちの将来を支えてくれる頼もしい存在でもあるだけに、保健衛生・安全対策におけるキャリアアップで少しでも力になれることを願っています。

白梅学園大学大学院子ども学研究科教授　小林美由紀

本書の使い方

　本書は「施設型給付費等に係る処遇改善等加算IIに係る研修受講要件について」（令和元年6月24日内閣府・文部科学省・厚生労働省担当課長連名通知）に基づく研修に使用するテキストです。主に幼稚園、幼保連携型認定こども園に勤務する職員を受講者として想定しています。

🌷 本書の特徴

① 講義	② ワーク	③ column、参考文献

● リーダーとして知っておきたい知識を学びます。

● 節ごとの最後に収載しています。節で学んだ知識を定着させ、実践で役立てるためのワークです。

● column では、章の内容に関係する知見を紹介しています。参考文献には一部 QR コードを掲載し、関係する法令やガイドラインにすばやくアクセスできます。

🌷 凡例

本書は原則的に、以下のとおり用語を統一しています。

幼稚園、園、認定こども園 → 幼稚園等
保育者、教員、幼稚園教諭、保育教諭 → 保育者
施設長、園長 → 園長

CONTENTS

第**3**章 健康的な園生活と保育者の役割
緊急時の対応　　　　　　　　藤城富美子

受講目安3時間

A2

第 **4** 章　**安全計画に基づいた園生活と保育者の役割**　　鳥海弘子　　受講目安3時間

A3

第 **6** 章　個別的な配慮を必要とする子どもの
園生活と保育者の役割　　小林美由紀

受講目安2時間

D3

第 1 章

保育と
保健衛生・安全対策

幼稚園教育要領等における保健衛生・安全対策の位置づけ

**節の
ねらい**
● 幼稚園、認定こども園における保健衛生・安全対策の担い手と内容について理解する
● 幼稚園教育要領、学校教育法等における幼児の保健衛生・安全対策について理解する

① 幼稚園における保健衛生・安全対策の担い手と内容

　幼稚園設置基準では、「幼稚園には、養護をつかさどる主幹教諭、養護教諭又は養護助教諭及び事務職員を置くように努めなければならない」（第6条）と規定されています。しかし、これは努力義務のため、実際には、養護教諭の配置が進んでいないのが現状です。2020（令和2）年度の学校基本調査によると、小学校ではほぼ全校に養護教諭が配置されているのに対して、幼稚園は7.6%にとどまっています。そのため、大多数の幼稚園では養護の担当者を決めず、担任または主任教諭が担っていることが多いのが実態です。本来は、成長期の幼児の健康を守り、保健衛生や安全対策を行う専任の担当者が必要ですが、現状では各幼稚園教諭が、小学校での養護教諭の役割や保育所での保育職の役割を理解しておく必要があります。

　学校での養護教諭は「児童の養護をつかさどる」（学校教育法第28条（第37条第12項を準用））ことになっており、その職務内容は表1-1のとおりです。

表1-1 ● 養護教諭の職務内容

1	学校保健情報の把握に関すること
2	保健指導・保健学習に関すること
3	救急処置および救急体制に関すること
4	健康相談活動に関すること
5	健康診断・健康相談に関すること
6	学校環境衛生に関すること
7	学校保健に関する各種計画・活動およびそれらの運営への参画等に関すること
8	伝染病の予防に関すること
9	保健室の運営に関すること

出典：文部科学省ホームページ

幼稚園では、独立した保健室がないところも多く、これらすべてに保育と兼務で対応するためには、協働体制と研修を継続していく必要があります。そのためには、保育者全員の理解と協力が得られるような認識づくりが大切です。

 ## 幼稚園教育要領等における幼児の健康保健・安全対策の位置づけ

幼稚園教育要領の「第1章　総則」の「第2　幼稚園教育において育みたい資質・能力及び「幼児期の終わりまでに育ってほしい姿」」（幼保連携型認定こども園教育・保育要領（以下、教育・保育要領）では「第1章　総則」の「第1　幼保連携型認定こども園における教育及び保育の基本及び目標等」の「3　幼保連携型認定こども園の教育及び保育において育みたい資質・能力及び「幼児期の終わりまでに育ってほしい姿」」）では、次の記載（健康な心と体）があります。

> （1）健康な心と体
> 　幼稚園生活の中で、充実感をもって自分のやりたいことに向かって心と体を十分に働かせ、見通しをもって行動し、自ら健康で安全な生活をつくり出すようになる。

ここでは、健康な心と体は、日々の生活の中から育み、自立的に健康で安全な生活をつくり出すことができるようになることが望まれています。そのためには、衣服の着脱、食事、排泄（はいせつ）、休息などの生活習慣を身につけ、手洗い、うがい、咳（せき）エチケットなどの衛生面についての習慣、けがをしないような安全な行動、災害や緊急時における行動の仕方などもできるようになる必要があります。運動や遊びとともに、健康教育においても体系的に繰り返し行っていくことが大切です。

また、同じ第1章の「第5　特別な配慮を必要とする幼児への指導」では、以下のように医療、保健などの関係機関と連携しながら教育を行う必要性の記載があります（教育・保育要領では第1章の「第2　教育及び保育の内容並びに子育ての支援等に関する全体的な計画等」の「3　特別な配慮を必要とする園児への指導」に同様の記載があります）。

> 1　障害のある幼児などへの指導
> 　障害のある幼児などへの指導に当たっては、集団の中で生活することを通して全体的な発達を促していくことに配慮し、特別支援学校などの助言又は援助を活用しつつ、個々の幼児の障害の状態などに応じた指導内容や指導方法の工夫を組織的かつ計画的に行うものとする。また、家庭、

地域及び医療や福祉、保健等の業務を行う関係機関との連携を図り、長期的な視点で幼児への教育的支援を行うために、個別の教育支援計画を作成し活用することに努めるとともに、個々の幼児の実態を的確に把握し、個別の指導計画を作成し活用することに努めるものとする。

　今後は、障害のある子どもだけでなく、慢性疾患にかかった子どもに対する個別的な配慮を実施する必要があり、小学校への就学に向けた幼小接続・連携の必要もあります。

　さらに、「第2章　ねらい及び内容」では、幼稚園教育において育みたい資質・能力を幼児の生活する姿から捉えたものとする5領域の一つとして「健康」が挙げられており、「健康な心と体を育て、自ら健康で安全な生活をつくり出す力を養う」として、教育の一環として身につける力と位置づけられています。

　また、学校教育法においては、幼稚園の教育について「健康、安全で幸福な生活のために必要な基本的な習慣を養い、身体諸機能の調和的発達を図ること」（第23条第1号）と記載されています。発達期にある幼児にとって、基本的な生活習慣を身につけ、自立的に見通しをもった行動がとれるようになることが大切です。■

●養護教諭が行っている九つの保健衛生・安全対策（表1-1）について、自園の担当者を挙げ、どのような業務を行っているか、他園と比較してみましょう。また、ほかにも行っている業務があれば、その内容を情報交換しましょう。

① 幼稚園における保健・安全対策の課題

1）生活習慣を身につける時期

　子どもの生活習慣を身につける時期は、時代や社会とともに変化しており、この70年間でほとんどの項目で遅くなっています（谷田貝、2016）。特に排泄の処理は、紙おむつが主流になってから、自立するまで1年以上遅くなり、就寝時刻は、大人の夜型の生活に合わせて遅くなっています。10年ごとに行われている幼児の生活アンケートでは、挨拶、排泄の自立がこの10年でも遅れていることがわかります（表1-2）。以前は幼稚園に入園するときにはほとんどの子どもが身につけていた生活習慣も、最近では入園してから指導する必要性が高くなってきています。

2）アレルギー疾患の増加

　近年、アレルギー疾患を抱える子どもが増えています。アレルギー疾患としては、食物アレルギー、アトピー性皮膚炎、気管支喘息、花粉症などがありますが、発症が低年齢化しており、食物アレルギーに関連した重い症状が全身に出るアナフィラキシーへの対応が問題となっています。

　幼稚園等の生活においても配慮が必要な場面が数多くあります。「保育所におけるアレルギー対応ガイドライン」は、幼稚園等においても参考にすることができます（表1-3）。

3）低出生体重児の増加

　通常の新生児は、妊娠40週前後で体重3000g前後で出生しますが、妊娠37週未満で生まれる早産児、体重2500g未満で生まれる低出生体重児が、医療の進歩により増加をみています。低出生体重児では成長発達の経過を丁寧に追っていく必要があります。特に、妊娠28週未満の超早産児や体重

表1-2 ●生活習慣に関する子どもの発達（子どもの年齢別、経年比較）

(%)

	1歳児		2歳児		3歳児		4歳児		5歳児		6歳児	
	05年	15年	05年	15年	05年	15年	05年	15年	05年	15年	05年	15年
	(660)	(614)	(740)	(583)	(340)	(626)	(312)	(610)	(326)	(671)	(276)	(657)
コップを手で持って飲む	69.5	65.8	98.4	94.8	98.2	96.3	98.1	93.5	97.8	94.0	96.0	92.7
スプーンを使って食べる	64.8	62.3	97.4	95.0	98.2	96.3	98.1	93.5	97.8	94.0	95.7	92.4
家族や周りの人に挨拶する	45.9 >	35.6	83.5 >	72.6	92.5 >	87.4	93.6 >	87.3	91.8	87.9	91.7	88.0
歯を磨いて、口をすすぐ	14.8 >	9.3	73.3 >	59.1	91.6 >	84.2	95.2 >	88.0	97.5 >	91.6	95.3	91.2
おしっこをする前に知らせる	3.3	4.7	25.2 >	18.4	86.3 >	75.4	97.8 >	90.4	96.9 >	91.9	94.6	90.7
自分でパンツを脱いでおしっこをする	1.2	1.3	17.7	13.0	79.1 >	70.1	98.1 >	90.9	97.3 >	91.9	94.9	90.3
自分でうんちができる	5.6	6.4	24.4 >	18.9	78.8 >	64.4	95.2 >	85.9	96.7 >	90.4	94.6	90.3
一人で洋服の着脱ができる	1.4	2.4	18.4 <	23.7	62.0	64.9	92.3	87.5	96.3 >	91.0	93.8	90.7
はしを使って食事をする	4.5	4.1	32.0	35.2	62.0	58.3	83.7 >	72.1	94.2 >	83.8	93.5	88.9
決まった時間に起床・就寝する	55.6	56.1	62.2	64.4	72.6	68.0	82.4	79.2	85.8 >	77.5	84.4 >	78.2
一人で遊んだあとの片づけができる	17.0	16.5	46.8	46.3	64.7	61.7	85.6 >	74.5	88.1 >	80.5	85.1	83.9
おむつをしないで寝る	0.6	1.0	6.3	3.8	45.9 >	35.0	81.1 >	66.0	84.8 >	79.0	90.2 >	83.6

注1：「できる」の％。
　2：満1歳以上の子どもをもつ人のみ回答。
　3：05年、15年調査の結果を比較し、10ポイント以上の差があったものは濃い網掛け、5ポイント以上10ポイント未満の差があったものは薄い網掛けをしてある。
　4：（　）内はサンプル数。
　5：0歳6か月～6歳11か月の年齢層で分析する際のウェイトを用いて集計した。
出典：ベネッセ教育総合研究所「第5回幼児の生活アンケート」32頁、2016年

表1-3 ●それぞれのアレルギー疾患と関係の深い幼稚園での生活場面

生活の場面	食物アレルギー・アナフィラキシー	気管支喘息	アトピー性皮膚炎	アレルギー性結膜炎	アレルギー性鼻炎
給食	○		△		
食物等を扱う活動	○		△		
花粉・埃の舞う環境		○	○	○	○
長時間の屋外活動	△	○	○	○	○
プール	△	△	○	△	
動物との接触		○	○	○	○

注：○：注意を要する生活場面、△：状況によって注意を要する生活場面。
出典：厚生労働省「保育所におけるアレルギー対応ガイドライン（2019年改訂版）」4頁、2019年を一部改変

1000g 未満の超低出生体重児では、呼吸、栄養などで医療的処置が必要になることも多く、発達が通常の子どもに追いつくのに就学前までかかることもあります。

4）運動能力の変化

　文部科学省が毎年公表している「全国体力・運動能力、運動習慣等調査結果」によると、小学生の体力・運動能力は、2000（平成12）年まで低下傾向で、その後男女で差があり、上体起こし、前屈、反復横とび、20m シャトルランで回復傾向になっています。また、部活動などで日常的に運動を行っている子どもと行っていない子どもの運動能力の差が広がっていて、運動する機会をどのようにして広げていくかが課題です。

　幼児の運動能力に関する調査では、特定の運動指導を行わないほうが運動能力は上がるという結果もあります。子どもたちの自発性に任せて楽しく体を動かすことで運動調整能力が養われ、また運動したくなる気持ちを育てることが大切と考えられています。

5）インクルーシブ保育

　近年、発達障害などの障害を抱えている子どもや慢性疾患を抱えている子どもと、通常児が一緒に生活・保育をするインクルーシブ保育の重要性が高まっています。集団生活でお互いの刺激で発達成長によい影響を及ぼすとともに、通常児にとってもさまざまな子どもとの付き合い方を学ぶために大切です。そのためには、一人ひとりの子どもの特性に応じた保育を行う必要があります。

6）子育て支援

　働く女性の増加に伴って、幼稚園児の保護者も、働きながら子どもを幼稚園に通わせていることが多くなりました。通常の保育時間外の保育や、休日の開園を行う幼稚園も増えてきています。また、子育てに悩みを感じている保護者も増加しており、幼稚園で保護者同士が子育ての情報を交換できる場をつくったり、保育参観の機会を増やして保護者の交流を深めることも、家庭と一体になって子どもの成長を見守る大切な試みとなっています。

7）新しい感染症への対応

　2020（令和2）年、世界的に流行した新型コロナウイルス感染では、外出自粛、感染防止のための手洗い、マスク着用が促され、人と人との距離をとるなど、人々の行動様式に大きな変化が生じました。同時に、他の感染症の流行が抑えられるなど、通常とは異なる傾向がみられています。

　子どもと大人では、感染症の経過が異なることも多く、予防接種の変遷により、感染症の流行も変化

してきています。かつては、ほとんどの乳幼児は麻疹（はしか）にかかるものでしたが、予防接種の普及によりほとんどみられなくなりました。2014（平成26）年には水痘（みずぼうそう）、2016（平成28）年にはＢ型肝炎、2020（令和２）年にはロタウイルスワクチンの予防接種が幼児について定期接種になり、感染者が減少しています。毎年の流行の変化に対する情報の収集が大切です。

厚生労働省の「保育所における感染症対策ガイドライン（2018年改訂版）」[1]は、幼稚園においても参考にすることができます。

8）危機管理

内閣府が毎年まとめている「教育・保育施設等における事故報告集計」によると、幼稚園においては、死亡事故などはほとんどないものの、骨折などの事故は毎年報告されています。また、子どもの事故や急変時における対応、災害時における対応は日頃から職員の研修を行い、施設としての危機管理を行う必要があります。内閣府の「教育・保育施設等における事故防止及び事故発生時の対応のためのガイドライン」[2]を用いながら、対応について研修を重ねることが大切です。

❷ 幼稚園における保健計画の立て方

学校保健安全法第５条においては、保健計画の策定について以下のように定められています。

> （学校保健計画の策定等）
> 第５条　学校においては、児童生徒等及び職員の心身の健康の保持増進を図るため、児童生徒等及び職員の健康診断、環境衛生検査、児童生徒等に対する指導その他保健に関する事項について計画を策定し、これを実施しなければならない。

また、通知「学校保健法等の一部を改正する法律の公布について」（平成20年７月９日付け20文科ス第522号）では、「第二　留意事項　第1　学校保健安全法関連　二　学校保健に関する留意事項」に学校保健計画について次のように示されています。

> 1　学校保健計画は、学校において必要とされる保健に関する具体的な実施計画であり、毎年度、学校の状況や前年度の学校保健の取組状況等を踏まえ、作成されるべきものであること。
> 2　学校保健計画には、法律で規定された①児童生徒等及び職員の健康診断、②環境衛生検査、③児童生徒等に対する指導に関する事項を必ず盛り込むこととすること。
> 3　学校保健に関する取組を進めるに当たっては、学校のみならず、保護者や関係機関・関係団体

1）厚生労働省「保育所における感染症対策ガイドライン（2018年改訂版）」2018年

QRコード

2）内閣府「教育・保育施設等における事故防止及び事故発生時の対応のためのガイドライン」2016年

QRコード

等と連携協力を図っていくことが重要であることから、学校教育法等において学校運営の状況に関する情報を積極的に提供するものとされていることも踏まえ、学校保健計画の内容については原則として保護者等の関係者に周知を図ることとすること。このことは学校安全計画についても同様であること。

保育所においても保健計画が作成されていますが、同様に、幼稚園や認定こども園においても保健計画を毎年作成する必要があります（表1-4）。保健計画の作成では、月ごとに目標を定め、園の行事と関連した保健活動や保健指導についてまとめていくといいでしょう。

表1-4 ● 保健計画の例

2020年度（令和2年度）学校保健計画

月	月の重点目標	保健管理		保健教育			組織活動
				保健指導			保護者・地域との連携、関係機関との連携、教職員研修 等
		対人管理	対物管理	学級活動	保健指導	主な園行事	
4	・手洗い、うがいの仕方、トイレの使い方を知ろう。 ・給食の準備や片づけ方を知ろう。	・給食アレルギー確認 ・健康観察・保健調査 ・定期健康診断と事後措置	・飲料水検査 ・机、椅子の適正配置 ・救急体制の確認、救急	・集団生活のきまり ・運動遊具の安全な使い方	・身体計測の受け方 ・トイレ・うがい・手洗い指導	・定期健康診断 ・遠足 ・身体計測	・安全点検 ・保健調査の確認 ・緊急時の対応（エピペン含む）
5	・けがの対処の仕方を知ろう。 ・食事の仕方、マナーを知ろう。	・健康観察 ・定期健康診断と事後措置 ・第1回目生活アンケート	・飲料水検査	・衣服の調節について ・体の各部の名称と清潔について	・健康診断の受け方 ・けがの手当てについて	・内科・耳鼻科・歯科検診 ・聴力・視力検査 ・尿・寄生虫検査 ・体重計測	・安全点検 ・病気の治療の勧め
6	・歯磨きの大切さを知ろう。	・健康観察 ・定期健康診断と事後措置 ・水泳前健康調査	・飲料水検査、エアコン、扇風機の清掃 ・プールの清掃・管理 ・遊具、教材、保育室、トイレなどの清掃や消毒	・手洗いやうがい・歯磨きの大切さについて	・歯の大切さ、歯磨き指導	・水遊び ・体重計測	・安全点検 ・食中毒その他流行性疾病について
7・8	・夏を元気に過ごそう。 ・歯磨きの習慣をつけよう。	・健康観察・治療勧告 ・プールカードによる健康状態の把握	・プールの管理・エアコン・扇風機の清掃 ・遊具、教材、保育室、トイレなどの清掃や消毒 ・飲料水検査	・汗の始末、休息、うがい、手洗いについて	・夏休みの過ごし方について	・交通安全教室 ・水遊び ・体重計測	・安全点検 ・病気の治療状況の把握および治療の勧め
9	・生活リズムを取り戻そう。 ・食事の仕方、マナーを守ろう。 ・食べ物の働きを知ろう。	・健康観察 ・けがの予防 ・病気の治療状況の把握および治療の勧め	・遊具、教材、保育室、トイレなどの清掃や消毒 ・飲料水検査	・生活習慣について ・運動遊具の安全な使い方	・食べ物の働きについて ・栄養素について	・身体計測 ・学区敬老会	・安全点検
10	・目を大切にしよう。	・健康観察 ・視力検査	・飲料水検査 ・照度、照明検査		・目の大切さについて	・運動会 ・体重計測 ・学区民運動会	・安全点検 ・インフルエンザについての研修

11	・好き嫌いせずに食べよう。	・健康観察	・飲料水検査 ・エアコンの点検		・風邪の予防について	・体重計測 ・学区文化祭 ・遠足	・安全点検 ・ノロウイルスについての研修
12	・姿勢に気をつけよう。 ・冬休みの過ごし方を考えよう。	・健康観察 ・治療勧告 ・第2回目生活アンケート	・机、トイレ、ドアなどの定期的な消毒 ・エアコンの清掃、管理 ・部屋の換気 ・飲料水検査	・健康増進のための生活の仕方について	・冬休みの過ごし方について ・暖房器具の危険について	・発表会 ・体重計測	・安全点検
1	・風邪、インフルエンザ、感染性胃腸炎など冬の病気の予防の仕方を知ろう。	・健康観察 ・風邪の予防	・机、トイレ、ドアなどの定期的な消毒 ・エアコンの清掃、管理 ・部屋の換気 ・飲料水検査	・手洗いやうがいを丁寧にする。	・インフルエンザについて	・身体計測	・安全点検
2	・耳を大切にしよう。	・健康観察 ・成長発達評価	・机、トイレ、ドアなどの定期的な消毒 ・エアコンの清掃、管理 ・部屋の換気 ・飲料水検査	・手洗いやうがいを丁寧にする。	・耳の働きについて	・体重計測	・病気の治療の勧め
3	・体の成長を知ろう。 ・1年間の健康生活を反省しよう。	・健康観察 ・年間のまとめ	・飲料水検査 ・エアコンの清掃、管理	・健康増進のための生活の仕方について	・体の成長について ・進学・進級に向けて	・お別れ会 ・身体計測 ・杏まつり	

❸ 幼稚園における学校安全計画の立て方

　学校保健安全法では、学校安全計画を策定する必要が定められており（第27条）、災害など危険なことが発生した時の要領の作成の必要性についても定められています（第29条）。

> （学校安全計画の策定等）
> 第27条　学校においては、児童生徒等の安全の確保を図るため、当該学校の施設及び設備の安全点検、児童生徒等に対する通学を含めた学校生活その他の日常生活における安全に関する指導、職員の研修その他学校における安全に関する事項について計画を策定し、これを実施しなければならない。
>
> （危険等発生時対処要領の作成等）
> 第29条　学校においては、児童生徒等の安全の確保を図るため、当該学校の実情に応じて、危険等発生時において当該学校の職員がとるべき措置の具体的内容及び手順を定めた対処要領（危険等発生時対処要領）を作成するものとする。
>
> 2・3　略

　安全計画の作成においても園の行事と関連して、安全教育と安全管理を行っていく必要があります。また、子どもたちだけでなく、保育者、保護者への対応も計画的に行っていくことが大切です。　■

● 自分が勤務している幼稚園等の年間の保健計画を持参し、他の園の計画を見ながら、自園に活かせそうな点を学び合いましょう。さらに、計画を立てるときにどこを改善すればいいか話し合いましょう。
● 生活習慣を身につけて自立的に行動できるようにするには、どのような工夫をするとよいか、話し合ってみましょう。

column

学校保健の整備の変遷

　日本で学校保健の整備が始まったのは、1900年代といわれています。日本の学校において学校看護婦が誕生したのは、1905（明治38）年、岐阜県において学校看護婦を雇い入れたのが始まりとされています。1941（昭和16）年に公布された国民学校令で、学校看護婦は教育職員に位置づけられました。第二次世界大戦後は、養護教諭として、学校において多くの役割を担うこととなり、小学校以上の学校においては、1校につき1名の養護教諭が配置されるようになりました。1948（昭和23）年に公布された学校教育法第37条では、「小学校には、校長、教頭、教諭、養護教諭及び事務職員を置かなければならない」となっており、中学校でもこれが準用されて配置されています。これに対し、幼稚園、高等学校は義務教育ではないということにより、配置は努力義務のままです。

　幼稚園と同年齢の子どもを保育する保育所においては、0歳児保育の開始とともに、保育所看護職の配置が進んできました。これにより、幼稚園の養護教諭配置が7％前後であるのに対し、保育所看護職の配置は30％台で、幼稚園よりは配置が多いものの看護職は保育士として算定できる定員内配置であることも多く、課題とされています。現状では、幼稚園教諭には養護教諭の役割も期待されていますが、幼稚園教諭の教育課程では幼児の保健についての学修が十分ではないため、職務についてからの研修が大切になります。

参考文献

▶ ベネッセ教育総合研究所「第5回幼児の生活アンケート」2016年
▶ 福山市立高島幼稚園「学校保健計画」2015年
▶ 厚生労働省「保育所における感染症対策ガイドライン（2018年改訂版）」2018年
▶ 厚生労働省「保育所におけるアレルギー対応ガイドライン（2019年改訂版）」2019年

▶ 文部科学省「幼稚園教育要領」2017年
▶ 文部科学省「幼稚園教育要領解説」2018年
▶ 内閣府「教育・保育施設等における事故防止及び事故発生時の対応のためのガイドライン」2016年
▶ 谷田貝公昭『データでみる幼児の基本的生活習慣 第3版』一藝社，2016年

QRコード

第 **2** 章

健康的な園生活と
保育者の役割

平時の心構えと体制づくり

第 **1** 節 健康状態の把握と評価

> **節の
ねらい**
> - 健康診断実施の結果を活用することができる
> - 身体測定の結果を活用することができる
> - 日々の子どもの健康状態の観察・評価ができる

1 健康診断の結果の活用

　幼稚園の健康診断は、学校教育法および学校保健安全法の規定に基づき、各検査項目（表2-1）について毎年6月30日までに行われます。健康診断は、疾病スクリーニング[*1]により健康状態を把握するという役割と、健康課題を明らかにして支援に役立てるという役割があります。

　健康診断の結果、医療機関の受診が必要な子どもの場合、保護者に対して受診の必要性について丁寧に説明します。この機会に、保育者は保護者が子どもの健康について不安に思っていること等について話をし、信頼関係が築けるよう努めましょう。

2 身体測定の結果の活用

　子どもの発育には個人差があり、栄養バランスや運動、生活リズム、育児状況等により影響を受けます。子どもの身体発育や栄養状態を評価するため、身長・体重等を正確に測定しましょう。

　体重は計量が正確な乳幼児体重計を用い、目盛りが50g以下のものを使用します。食後や激しい運動直後の測定は避け、いつも同じ条件で測定するようにしましょう。

　身長は立位身長計を使用し、水平な床を選び、尺柱が垂直に立つことを確認します。後頭部、背中、おしり、かかとを尺柱につけるようにし、頭位を正位に保ちます（図2-1）。

　成長曲線をもとに継続的に評価することが大切です。特に身長と体重のバランスで評価することにより、疾患の早期発見、早期治療につながります。また、成長曲線で経過観察した結果、低身長・低体重の評価から疾患

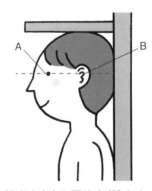

眼窩点（A）と耳珠点（B）とを結んだ直線が水平になるように頭を固定します。

出典：厚生労働省「平成22年乳幼児身体発育調査の概況」2011年

図2-1 ● 立位身長の計測

[*1]　疾病スクリーニングとは、疾病の罹患や発症が予測される者を検出することをいいます。

14

表2-1 ● 定期健康診断の検査項目

項目	検診・検査方法			幼稚園	小学校	中学校
保健調査	アンケート			○	◎	◎
身長	身長計			◎	◎	◎
体重	体重計			◎	◎	◎
栄養状態	観察、成長曲線、肥満度曲線等 学校医による診察			◎	◎	◎
脊柱・胸郭 四肢 骨・関節	側弯症検査 学校医による診察			◎	◎	◎
視力	視力表	裸眼の者	裸眼視力	◎	◎	◎
		眼鏡等をしているもの	矯正視力	◎	◎	◎
			裸眼視力	△	△	△
聴力	オージオメーター			◎	◎：1・2・3・5年生 △：4・6年生	◎：1・3年生 △：2年生
眼の疾患および異常	学校医による診察			◎	◎	◎
耳鼻咽喉頭疾患	学校医による診察			◎	◎	◎
皮膚疾患	学校医による診察			◎	◎	◎
歯および口腔の疾患および異常	学校歯科医による診察			◎	◎	◎
結核	問診・学校医による診察				◎	◎
	エックス線撮影、ツベルクリン反応検査、喀痰検査等				○	○
心臓の疾患および異常	臨床医学的検査等			◎	◎	◎
	心電図検査			△	◎：1年生 △：他学年	
尿	試験紙法	蛋白等		◎	◎	◎
		糖		△		
その他の疾患および異常	臨床医学的検査等			◎	◎	◎

注：◎はほぼ全員実施されるもの、○は必要時または必要者に実施されるもの、△は検査項目から除くことができるもの。
出典：日本学校保健会『児童生徒等の健康診断マニュアル　平成27年度改訂』19頁、2015年

第2章　健康的な園生活と保育者の役割　平時の心構えと体制づくり

や虐待と判断されたケースもあります。

③ 日々の健康状態の観察・評価

　子どもは大人に比べ感染症にかかりやすく、重症化しやすい特性があり、日々の子どもの健康状態を適切に把握することが重要です。

　子どもが登園してきたら、活動に入る前に、声の調子や顔色、皮膚に湿しんがないか、健康観察のポイント（表2-2）を参考に視診を行います。「今日はいつもと違う」と感じることがあります。いつも

表2-2 ●子どもの健康観察のポイント

	チェックポイント
全体的な印象等	☐ 身体を動かして遊ぶか。
	☐ 声かけに反応するか。
	☐ 落ち着いているか。
	☐ 息苦しさはないか。
	☐ 食欲はあるか。
	☐ 睡眠はとれているか。
	☐ 排泄は問題ないか。
顔色	☐ 青白くないか。
	☐ 表情があるか。
	☐ 顔が赤くないか。
目	☐ 目の動きが正常か。
	☐ 目に力があるか。
	☐ まぶたに腫れはないか。
	☐ 目やにはないか。
	☐ 目の充血はないか。
鼻	☐ 鼻水はないか。
	☐ 鼻づまりはないか。
	☐ 鼻血はないか。
口	☐ 唇の色はよいか。
	☐ よだれが多くないか。
	☐ 口の中や周りに発しんはないか。
皮膚	☐ 乾燥はないか。
	☐ 発しんはないか。
	☐ かゆみはないか。
	☐ 傷はないか。
	☐ アザ（うちみ）はないか。

活発な子どもが動こうとしないときに検温をすると、発熱に気づくこともあります。このように、子どもの動きにも健康観察のポイントがあります。　■

ワーク

● 「いつもと違う」気づきの経験について、子どもの体調がどのように変化したのか、意見交換しましょう。
● 各園で健康診断の結果をどのように活かしているか、話し合いましょう。

第**2**節

節の ねらい	● 感染症の具体的な予防策を理解できる
	● 感染症の予防策を実施できる
	● 感染症の予防策を子どもにわかりやすく伝えることができる

❶ 幼稚園等における感染症対策

　幼稚園等で生活する子どもは、抵抗力が低いため病原微生物の感染リスクが高く、さらに子ども同士が緊密になりやすいため感染症の集団発生リスクが高いことを忘れてはなりません。このような感染症に対するリスクを職員間で共有し、日常的な感染症対策をしっかりと実践していくことが大切です。

　感染症は、①病原体（感染源）、②感染経路、③宿主という三つの要因がそろうことで感染します。感染症対策においては、これらの要因のうち一つでも取り除くことが重要です（図2-2）。病原体が届く経路を遮断することや、予防接種等で子ども自身の感染症に対する抵抗力を高めることが有効です。

　幼児期の子どもが適切な手洗い等を行うことは難しく、周囲の大人の配慮や手助けが必要となりま

図2-2 ● 感染症の予防

す。手洗いや咳エチケットを習慣化し、自分の体は自分で守る行動がとれるようにするために、子どもの年齢や発達段階に合わせた健康教育を行うことが重要です。

② 感染症対策の具体的な方法

1）手洗い

　手に付着した病原体が、目、鼻、口に触れる前に除去することが重要です。適切な手洗いの手順に従い丁寧に手洗いをすることが、感染症対策の基本です。そのためには、すべての保育者・保護者・子どもが正しい手洗いの方法を身につけ、常に実施する必要があります。爪先から手首の上まで、石けんをよく泡立て、流水でしっかりと洗浄しましょう。布タオルの共用は避け、個人別タオルやペーパータオルを使用します。

　外から室内に入ったときやトイレの後、咳や鼻水をかんだ後や食事の前後に、子どもの年齢に応じて、適切な手洗いができるよう指導することが大切です。

2）咳エチケット

　咳エチケットとは、咳やくしゃみをするときに、飛沫を周囲の人に届かないようにするマナーのことです。①咳が出るときはできるだけマスクをしておく、②マスクがないときにはティッシュやハンカチで口や鼻を覆う、③とっさのときは袖で口や鼻を覆う、の3点です。この咳エチケットについて、子どもにわかりやすく伝えていくことが大切です。

　マスクの着用については、2歳未満の子どもの場合、熱中症や窒息のリスクが高まり危険です。就学児でも、気温・湿度や暑さ指数（WGBT）が高いときや、体育の授業におけるマスクの着用は不要といわれています。身体的距離が十分確保できる場合や、屋外で人との距離がとれるときは、マスクを外すようにしましょう。

　また、マスクを着用する際は、子どもに息苦しさがないか、十分な注意が必要です。

3）予防接種の重要性

　予防接種は、子ども個人を感染症から守るだけではなく、集団の中で多くの人が免疫をもつことにより、集団免疫効果が発揮されます。多くの病原体は、症状が出る前から周囲に排出されるため、発症した後に感染拡大防止策をとっても完全な防止は困難です。同年代の子どもが生活をともにする幼稚園等においては、病原体に有効なワクチンがあれば、集団生活に入る前に接種をしておくことが望まれます。

表2-3 ● 予防接種に関する取り組み

・子どもの予防接種歴および罹患歴は、健康診断の機会等を活用し、チェックリストをもとに把握します。
・未接種の子どもの保護者に対しては、予防接種の重要性等を周知することが重要です。
・未接種ワクチンがあることに気がついたときは、保護者に対し小児科医に相談するよう伝えましょう。
・職員の予防接種歴の確認も重要です。入職時には、健康状態の確認に加えて、予防接種歴および罹患歴を確認します。また、短期間の実習生の場合にも同様に確認します。
・職員が麻疹、風疹、水痘、流行性耳下腺炎にかかったことがなく、予防接種の記録が1歳以上で2回ないなどの場合には、子どもと職員自身の双方を守る観点から、予防接種の必要性を説明しましょう。
・職員に対して、B型肝炎ワクチンの予防接種や、毎年のインフルエンザ予防接種の必要性について説明しましょう。

注：職員の予防接種費用は、自己負担です。
出典：厚生労働省「保育所における感染症対策ガイドライン（2018年改訂版）」2018年、日本小児保健協会予防接種・感染症委員会「医療・福祉・保育・教育に関わる実習学生のための予防接種の考え方（第1版）」2018年を参考に筆者作成

　入園時、母子手帳をもとに予防接種歴および既往歴を確認するとともに、入園後、新たに予防接種を受けた場合は、保護者を通じて速やかに把握します（表2-3）。

4）基本となる標準予防策（スタンダード・プリコーション）

　標準予防策とは、ヒトの血液、傷のある皮膚、粘膜、汗を除くすべての体液（飛沫、鼻汁、尿、便等）に感染性があるとみなして対応する方法をいいます。子どもが集団生活をする場において、血液や体液を扱う際には十分な注意を払い、使い捨て手袋を使用する等、素手で触れないようにします。やむを得ず、血液や体液を素手で触れた場合は、速やかに石けんと流水でよく手を洗いましょう。また、血液や体液が付着したものは、廃棄もしくは適切に消毒した後に使用しましょう。

❸ 衛生管理

　幼稚園等における衛生管理については、学校環境衛生基準のなかで、感染症の広がりを防ぎ、安全で快適な環境を保つために、日頃の清掃や衛生管理の重要性が示されています。
　また、感染症の予防として消毒薬を使用する際は、管理を徹底し、安全の確保を図ることも大切です。

1）日常の清掃・換気

　床、壁、ドアは日々の清掃（水拭き）をしましょう。多くの人の手が触れるドアノブ、手すり、スイッチ等は水拭きした後、一日1回は消毒をしましょう。

季節に合わせ、適切な室温・湿度を保ちます（室温：夏25 ～ 28℃、冬18 ～ 20℃、最も適切な相対湿度：50 ～ 60%）。

また、外部から室内に入ったとき、不快な刺激や臭気がないよう、こまめに換気を行います。1時間に1回は窓を開け、可能であれば2方向の窓を同時に開けましょう。加湿器使用時には、水を毎日交換しましょう。また、エアコンも定期的な清掃が必要です。

玩具は、適宜、水（湯）洗いや水（湯）拭きを行い、清潔を保ちます。ままごと等、口に触れたものはそのつど、水（湯）で洗い流し、干すようにしましょう。布類の脱色を避けたい場合には、ロタウイルス・ノロウイルスには85度以上の熱湯で1分間の消毒も有効です。

2）消毒

消毒は、病原微生物の数を減らすために用いられる処置法で、熱湯消毒等の熱や紫外線を用いる物理的消毒法と、消毒薬を用いた化学的消毒法があります。「保育所における感染症対策ガイドライン（2018年改訂版）」では、子どもにとって感染リスクの高いノロウイルス、ロタウイルスはアルコール消毒薬に対する耐性が高いため、次亜塩素酸ナトリウムを用いることが望ましいとされています（表2-4）。なお、次亜塩素酸ナトリウムは濃度が5 ～ 6％または10 ～ 12％が市販されていますが、器具や衣類

表2-4 ● 消毒薬の種類と用途

薬品名	塩素系消毒薬 （次亜塩素酸ナトリウム等）	第4級アンモニウム塩 （逆性石けん等）	アルコール （消毒用エタノール等）
有効な病原体	すべての微生物 （ノロウイルス、コロナウイルス、ロタウイルス等）	一般細菌（MRSA等）、真菌	一般細菌（MRSA等）、結核菌、真菌、ウイルス（HIV含む）
効きにくい病原体		結核菌、大部分のウイルス等	ノロウイルス，ロタウイルス等
留意点	・酸性物質と混合すると有毒な塩素ガスが発生する。 ・金属腐食性が強くサビが発生しやすい。 ・汚れ（有機物）で消毒効果が低下する。 ・脱色作用がある。 ・直射日光の当たらない涼しいところに保管する。	・経口毒性が高く、誤飲に注意する。 ・一般の石けんと同時に使うと効果がなくなる。 ・希釈液は毎日つくり替える。	・刺激性があるため、傷等がある手指に用いない。 ・引火性に注意する。 ・ゴム製品等は変質する。

出典：厚生労働省「保育所における感染症対策ガイドライン（2018年改訂版）」68頁，2018年を筆者改変

などを消毒するときは0.02％に希釈[*2]し、吐物、便の処理では0.1％に希釈して用います。

　消毒薬等の薬品は、使用方法を誤ると危険です。子どものみならず保育者の健康被害が起こらないよう、適正な保管・管理、使用・廃棄を徹底し、安全の確保を図ることが重要です。　　　　■

ワーク

● 子どもに正しい手洗いの方法を伝えるには、どのような工夫が必要でしょうか。また、そのためにはどのような環境、支援が必要でしょうか。子どもの発達段階を具体的に想定し、必要な指導について話し合ってみましょう。
● 咳エチケットについて、子どもにどのように伝えればよいでしょうか。子どもの発達段階を具体的に想定し、必要な指導について話し合ってみましょう。
● 幼稚園等で標準予防策（スタンダード・プリコーション）の対象となるものは何か、それを扱うとき、どのように注意したらよいか、話し合ってみましょう。

・・・

＊2　希釈の計算式は、（希釈液の濃度
　　（％）×希釈液の量（ml））÷原液
　　の濃度（％）＝使用する原液の量
　　（ml）です。
　　例えば、原液が6％の次亜塩素
　　酸ナトリウムで希釈液の濃度
　　0.05％を液量3000mlとすると、
　　（濃度0.05％×液量3000ml）÷原
　　液濃度6％＝使用する原液の量
　　は25mlとなります。

節の ねらい	● 感染症対策として、記録の重要性を理解できる
	● 感染症が発生した場合、誰に情報提供し、どのように連携したらよいかを理解できる

　感染症の予防・対応には、園長のリーダーシップのもと、各園で作成する保健計画等を踏まえ、全職員が連携・協力し、園全体で見通しをもって取り組むことが求められます。特に、感染症発生時の対応に関するマニュアルを作成し、緊急時の体制や役割を明確にしておくとともに、保育者や保護者のほか、近隣、学校医（以下、園医）、保健所、自治体、教育委員会等、周囲の組織や人との連携が不可欠です。また、学校等欠席者・感染症情報システム（以下、システム）[3] の活用をはじめ、日頃から感染症の情報共有を心がけましょう。

❶ 記録の重要性

　感染予防や拡大防止の対策を迅速に講じるためには、表2-5 に示すように、発症した日の状態ばかりでなく、数日間の体調や症状の変化にも着目し、病状の把握に努めます。

表2-5 ● 感染症発生状況の記録

幼稚園　　　（例）インフルエンザ発生状況

	クラス・名前	月　日（　）	月　日（　）	月　日（ ）	月　日（ ）	月　日（ ）	月　日（ ）	月　日（ ）	月　日（ ）
1	(花組) 山田太郎	△(発熱38.2℃)システム報告済園内消毒済	▲ (インフルエンザ確定 解熱・倦怠感)園医・保健所・自治体報告済	▲	▲	▲	▲	○登園(意見書提出済み)	○
2	(空組) 田中花子		△(発熱39.1℃、咳)システム園医等報告済園内消毒済	▲ (インフルエンザ確定37.7℃・咳)	▲ (解熱)	▲	▲	▲	▲

発症〜登園を個別に記入してください。
△発症日（診断日）　　▲欠席　　　○登園日

* 3　毎日欠席者等の情報を入力することで、保健所、園医、自治体、教育委員会等が感染症の流行状況をリアルタイムに把握し、関係機関が情報を共有できるシステムです。

❷ 周囲の組織や人との連携

　感染予防や拡大防止に関する取り組みについては、保育者や保護者のほか、園医や保健所などの関係機関と連携を図ることが重要です。

1）保育者間の連携

　幼稚園等では、ミドルリーダーである保健主事を中心に、「保健計画」や「保健に関する組織活動の推進」など、すべての保育者が関心をもって取り組むことが求められます。感染症予防策や衛生管理など保健に関する具体的な実施計画の作成（Plan）、実施（Do）、実施後の評価（Check）、計画の検討と改善（Action）というマネジメントサイクル（PDCA）*4が機能することが重要です。

　また、感染症発生時は、各園オリジナルの感染症対応マニュアルに基づき、保育者間で連携し組織的な拡大防止策を講じることが求められます。

2）保護者との連携

　幼稚園等は体調の変化をきたしやすい年齢の子どもが生活しており、保護者との日常的な連携が欠かせません。子どもの健康状態は、登園時に伝えてもらいますが、感染症が疑われて受診した場合は、速やかに知らせてもらいます。入園説明会や保護者会、保健便り等で、感染症予防の情報提供や体調不良時の対応について積極的に伝えていきましょう。

　最近では、ICT システム*5の活用も広がっています。ふだんの連絡のほか感染症等の発生に際し、緊急連絡を確実に保護者に届けることができるコミュニティシステムとして、注目されています。

3）園医との連携

　学校保健安全法第23条に、園医の役割等が明記されています。幼稚園の感染症対策には、園医の積極的な参画・協力が不可欠です。園医は、子どもの健康診断を行うだけでなく、園全体の保健的対応や健康管理についても総合的に指導・助言することが求められます。

　日頃の感染症対策の取り組みや感染症の発生状況については、園医へ速やかに情報を提供し、助言・指導を得るようにしましょう。

4）保健所との連携

　感染症が発生した場合には、保健所に連絡し、感染症発生状況の情報共有を行いながら、感染拡大防止のための措置を講じます。感染症の発生を防止するための措置については、保健所の助言・指導を求

＊4　マネジメントサイクル（PDCA）とは、目標達成のための管理システムのことをいいます。PDCAの順番どおりに進めることで、目標達成へと近づく手法です。

＊5　ICTとは、「Information and Communication Technology」の略語で、パソコン、スマートフォンやタブレット等の通信技術を活用したコミュニケーションサービスの総称です。特に、緊急災害時等の活用が期待されています。

めるとともに、密接に連携をとることが重要です。 ■

■ ワーク

● 感染症が発生した場合に、どのような記録物を用意したらよいか検討し、話し合ってみましょう。
● 持参した自園のマニュアルを見せ合い、意見交換をしましょう。
● 感染症が発生した場合、園内外の人々と具体的にどのように連携したらよいでしょうか。話し合ってみましょう。

集団感染防止の基本は「うつさない」こと

　風邪やインフルエンザ等を発症する呼吸器系ウイルスの多くは、免疫系が未熟な乳幼児や高齢者が重症化しやすいといわれます。

　一方、子どもの新型コロナウイルス（COVID-19）感染に関する海外の報告では、約半数に発熱、咳を認め、消化器症状を伴うこともあり、多くが軽症から中等症とされます。また、成人と比べ子どもの感染者数は少なく、多くが家庭内感染であり、子どもが発端者になる可能性はきわめて低いといわれます。子どもの新型コロナ感染者が少ない理由として、成人に比べて子どもは、新型コロナウイルスのレセプター（受容体）の少ないことが挙げられています。

　幼稚園等での感染症対策で重要なのは、たとえ軽症でも、発熱や風邪の症状があれば、登園をお休みにしてもらうことです。集団感染防止の基本は、「うつらない」ことではなく「うつさない」ことであり、軽症でもうつす可能性があると想定し、予防的な行動を徹底していくことが大切です。

参考文献

▶ 学校保健・安全実務研究会『新訂版　学校保健実務必携（第5次改訂版）』第一法規、2020年

▶ 厚生労働省「保育所における感染症対策ガイドライン（2018年改訂版）」2018年

QRコード

▶ 日本学校保健会「保育所・学校における感染症対策とサーベイランス」2018年

▶ 日本学校保健会『児童生徒等の健康診断マニュアル　平成27年度改訂』2015年

▶ 日本小児科学会予防接種・感染症対策委員会「学校、幼稚園、保育所において予防すべき感染症の解説（2020年5月改訂版）」2020年

QRコード

▶ 日本小児保健協会予防接種・感染症委員会「医療・福祉・保育・教育に関わる実習学生のための予防接種の考え方（第1版）」2018年

QRコード

▶ 多田裕『乳幼児身体発育値——平成22年乳幼児身体発育調査報告書』母子保健事業団、2012年

▶ 安元佐和「これからの学校・家庭における新型コロナウイルス感染症予防」『教育と医学』第68巻第4号、30〜31頁、2020年

第 **3** 章

健康的な園生活と
保育者の役割

緊急時の対応

　日々の保育では、発熱、嘔吐、下痢、けいれんを起こすなど感染症が原因で体調不良[*1]となる状態が多くみられます。体調の変化に気づくためには、元気なときの子どもの健康状態を知っておき、「いつもと違う」変化を察知し、早期対応することが重要です。

　感染症に罹患すると、多くの場合には、診断がつけられる前にさまざまな症状として現れます。そのため、保育者は症状に合わせた適切な対応の仕方を理解しておくことが必要です。

❶ 子どもに多くみられる症状への対応

1）発熱時の対応

　子どもは体温調節機能が未熟なために、外気温や活動後、泣くなどで容易に体温の上昇がみられます。そのため、発熱時は水分を摂りながら30分ほど静かに過ごし、熱以外の症状がないか観察します。発熱に加えてほかの症状[*2]があるときには、病的発熱ととらえ、対応します。熱が上昇するときには、手足が冷たくなり、顔色が青ざめるなど寒気（悪寒）を感じることがあります。その場合には、厚着にさせるなど保温をします。

　熱が上がりきって手足が温かくなり暑がるときには、薄着にするなどして熱を発散させます。気持ちよさそうならば、脇の下や首の付け根・足の付け根などを冷やします（子どもが嫌がる場合は必要ありません）。また、汗をかいていたらよく拭き、着替え、吐き気がなければ、水分補給（白湯やお茶など）を十分行いながら安静にします。

注意：熱性けいれんの既往がある場合には、主治医に対応方法などを確認しておきます。また、過去のけいれんの前ぶれ症状（前駆症状）などの有無についても聞いておきましょう（けいれんの対応は、30頁参照）。

＊1　子どもが保育中に熱を出すなど体調不良となった場合、保護者がお迎えに来るまでの間、緊急的な対応を行いながら保育することが必要です。

＊2　発熱、顔色や機嫌の悪さ、元気のなさ、鼻水や咳などの症状。

2）咳時の対応

咳は、喉に付着した病原体（細菌やウイルス）や埃^{ほこり}などを外に出す反応です。咳き込んでいるときには上体を起こし、前かがみの姿勢をとらせて背中を軽くたたく（タッピング）、さするなどして咳を出しやすくします。特に子どもの場合には、鼻水が喉に落ちることで咳き込むことも多いので、鼻水をこまめに拭いてあげます。

また、水分補給（白湯やお茶など）を少しずつ行い、喉に潤いを与えてあげます。部屋の換気や湿度、乾燥（加湿器など）などにも注意します。午睡のときには、半身を少し高くして楽な姿勢で寝かせます。

注意：元気だった子どもが突然咳き込み、呼吸が苦しそうになったときは、喉にものが詰まっていないか（異物誤嚥）確認します。異物がある場合には除去し、救急車を要請します（詳細は第2節図3-1 参照）。

3）嘔吐時の対応

感染症による嘔吐は、感染性胃腸炎が原因によるものが多く、下痢を伴いやすくなります。しかし、子どもは「食べ過ぎた」「食べてすぐ走り回る」「大泣きした」「咳き込みがあった」などをきっかけに吐くことがあります。そのため、何をきっかけに吐いたのか、どのようなものをどのくらい吐いたかを観察します。感染症が疑われる場合には、感染拡大予防のため適切な処理を行います。

うがいのできる子どもはうがいをさせます。うがいのできない子どもは、嘔吐を誘発させないよう、口腔内に残っている吐物を取り除き、口腔内清掃をしてすっきりさせます。吐物で汚れた衣類はできるだけ早く着替え、安静を保ちながら個別で保育をします（表3-1）。寝かせるときは、吐物が気管に入らないよう横向きに寝かせます。嘔吐して30分ほど経っても吐き気がなければ、様子を見ながら少し

表3-1 ● 嘔吐物処理の手順

○以下の手順で処理をします。
・嘔吐物を紙などで覆い、応援職員を呼び、ほかの子どもを別室に移動させます。
・消毒液を使い、嘔吐物を外側（約2m外側）から内側に向かって静かに拭き取ります。
・嘔吐した場所は消毒液（0.1％次亜塩素酸ナトリウム）で浸し、15分程度消毒します。
・換気をします。
・処理に使用した物（使い捨ての手袋、マスク、エプロン、雑巾等）は二重のビニール袋に密閉し、破棄します。
・処理後は手洗いを行い、状況に応じて処理時に使用した衣類は着替えます。
・汚染された子どもの衣類は、感染に注意して、嘔吐物などはトイレに流すなどして、二重のビニール袋に密閉し、家庭に返却します。返却の際には、家庭での消毒方法等について保護者に伝えます。

ずつ水分を摂らせます。

注意：3人以上同様の症状が出ているときは、食中毒も疑いながら観察します。また、頭を打った後に吐いたときは、横向きに寝かせて救急車を要請します。

4）下痢時の対応

　下痢は、体の中に入った病原体（ウイルスや細菌）を外に出す体の働きです。夏は食中毒や夏風邪、秋から冬にかけてはノロウイルス、春にはロタウイルスによる胃腸炎が流行し、下痢の原因となります。

　子どもに下痢の症状がみられたときは、感染予防のための適切な便処理を行います。下痢便の処理時には、使い捨て手袋、マスク、エプロンを着用します。繰り返す下痢、発熱、嘔吐などの症状を伴う際は、感染症の可能性を疑い、別室で保育します。また、下痢で水分が失われないよう、少量ずつ頻回に水分補給をします。嘔気や嘔吐がある場合には、症状が治まってから水分補給をします。食事の量は少なめにし、胃腸に負担がかからない消化のよい食事にしましょう。

注意：回復後もウイルスは便の中に数週間排泄されるため、おむつ交換の際は手袋を使います。発熱、激しい下痢や腹痛、便に血が混じるなど同様の症状が複数児いる場合には、食中毒も念頭に置いて観察します。

5）発しん時の対応

　発熱を伴う発しんには、ウイルスや細菌が原因の感染性のものが多くあります。ほかの症状とともに、発しんの種類、発しんの形、かゆみ、どこからどのように広がっているのか、時間経過と症状の変化を観察します。感染性の場合は発熱を伴うことが多いため、検温をします。体温が高くなったり、汗をかいたりするとかゆみが増しますが、直射日光を避け、室温の調整や寝具、衣類に気をつけ、冷たいタオルなどで患部を冷やすことで、かゆみを軽減させます。掻きむしることで傷口から細菌が入り、発しんが広がるおそれがあるため、爪は短く切り、清潔を保ちます。

　口腔内に水疱や潰瘍ができているときは、刺激が少なく、薄味で水分が多く食べやすい食事を摂ります。

注意：食後30分以内に蕁麻疹様発しん*3が見られたときには、食物アレルギーによるアナフィラキシー症状*4を疑い、観察を続け、必要時は緊急搬送します。

6）熱性けいれん時の対応

　子どものけいれんで最も多いのは「熱性けいれん」です。特に、38℃以上の急な熱の上昇時に起こりやすくなります。発症率は、3歳未満の子どもの7％程度といわれています。突然意識がなくなり、

....

*3　蕁麻疹とは、突然に皮膚の表面が赤く盛り上がり（膨疹）、かゆみを伴う湿疹です。

*4　アナフィラキシー症状とは、アレルギー反応により、蕁麻疹などの皮膚症状、腹痛や嘔気・嘔吐などの消化器症状、喘鳴、息苦しさなどの呼吸器症状などが、複数同時にかつ急激に出現した状態を指します。

手足をピクつかせたり、白目をむくなどがあり、その症状の異様さから冷静な対応が難しいですが、け いれんのほとんどが数分で治まります。

　対応としては、吐いた物が口をふさがないように、顔を横向きにして寝かせます。大声で名前を呼ん だり、ゆすったりなどの刺激をせず、けいれんが止まるまで静かに見守ります。手足の動き（左右差が ないか、硬直はないかなど）、目つき、呼吸、顔色、けいれんの始まった時刻、止まるまでの時間など を観察し記録しておきます。すぐに治まった場合でも、初めてのけいれんの際には医療機関への受診を 促しましょう。

注意：けいれんが 5 分以上続いているときは、救急車を呼びます。けいれんの既往歴がある場合には、 主治医の指示に従います。　　　　　　　　　　　　　　　　　　　　　　　　　　　　　　■

ワーク

● 子どもの病気（感染症）は、診断がつく前に症状として現れます。症状から考えられる疾患を 挙げてみましょう。
　①急な高熱（38℃以上）が出る（夏期・冬期・通年など）。
　②発熱とともに発しんが出る、あるいは発熱が数日続いた後に発しんが現れる。
　③高熱とともに嘔吐を繰り返す。
● 園内の感染症の流行を防ぐために、日頃から子どもの健康状態の観察、記録をどのようにして いるのかを話し合ってみましょう。

第 **2** 節 救急法（心肺蘇生法）　保育施設等における重大事故への対応

節のねらい
- 保育中に起こり得る重大事故を理解する
- 保育中に起こり得る重大事故を防ぐための対応を理解する
- 乳幼児の一次救命処置の方法を理解する

　乳幼児期の子どもは、生理機能や精神発達が未熟でもあり、危険の認知や判断、理解力の不足、衝動性や落ち着きのなさから、けがにつながることが多くなります。事故は、傷害をもたらすこともある重要な健康問題となることからも、その場にいる保育者が救急処置[*5]を速やかに行えば、けがの悪化の軽減、早期の回復や救命の効果も望めます。また、子どもの事故は、成長発達と大きな関連があり、周囲の人たちが的確に対応することでけがの防止にもつながります。

　本節では幼稚園・認定こども園で0～2歳児の保育をするために、乳幼児期に起こり得る重大事故を学び、予防と対応に活かします。

🥚 重大事故を防ぐために

　幼稚園等の保育施設では毎年、死亡事故や重大事故が起きています。これら重大事故の発生を防止するためには、日々の保育現場でのヒヤリハット事例を検証することや、今まで起きた重大事故事例報告などをもとに、保育者間で事故予防や発生時の対応について共通認識をもち、それぞれの施設の環境に応じた対応をとることです。

　各園の体制整備を実施していくために、「教育・保育施設等における事故防止及び事故発生時の対応のためのガイドライン」[1)]などを参考にしながら、子どもが安心できる環境づくりを整備しましょう。

1）保育施設での死亡事故の特徴

　毎年、内閣府から「教育・保育施設等における事故報告集計」が公表されています（表3-2）。2019（平成31）年1月1日から2019（令和元）年12月31日までの事故報告件数は1744件、負傷等の報告は1738件で、そのうち1401件（81％）が骨折によるものでした。死亡報告件数は6件でした。また、事故の発生場所では、施設内の事故が1564件（90％）と、施設内での事故が多いのが特徴です。

　日々の保育では、保育者一人ひとりが安全を意識しながら保育環境を整え、子ども一人ひとりの発達・

---

*5　突然の事故や病気の人を救助しながら、医師や救急隊員に引き継ぐまでの間、救急手当や救命処置をすること。

1）内閣府「教育・保育施設等における事故防止及び事故発生時の対応のためのガイドライン」2016年

QRコード

表3-2 ●保育施設での死亡事故発生時の状況

（件数）

	睡眠中	食事中	プール活動、水遊び	その他	合計
令和元年	4	0	0	2	6
平成30年	8	0	0	1	9
平成29年	5	0	1	2	8
平成28年	10	0	0	3	13
平成27年	10	1	0	3	14

出典：内閣府子ども・子育て本部「令和元年教育・保育施設における事故報告集計」（令和2年）を筆者改変

特徴を理解しながら、個々に配慮した対応をしていきましょう。表3-2は、過去5年間の保育施設での死亡事故の件数と発生状況です。

2）　睡眠中の事故対策

　保育施設での死亡事故では、午睡（睡眠）中に最も突然死の危険性が潜んでいます。睡眠中も保育であり、子どもの観察に専念できる保育体制を整えましょう。睡眠中のリスクには、うつぶせ寝・吐乳等の窒息・新入所児の環境適応困難や集団保育に伴う感染暴露などが指摘されています。

❶ 窒息によるリスクを取り除く

・やわらかい布団やぬいぐるみなどは避けます。

・よだれかけのひもや布団カバーのひもなどのひも類の使用は避けます。

・口の中に、ミルクや食べたものの嘔吐物や異物がないか確認します。

❷ 睡眠中の観察・記録を徹底する

・観察者は、睡眠中であっても危険な状態に陥る危険意識をもち、観察に徹します。観察時間について、0歳児は5分ごと、幼児については10分ごとに観察し記録します。

・観察に際しては、目視ではなく、身体のぬくもりや呼吸の深さを感じるように、毎回身体に触れて観察します。

・子どもの機嫌・体調変化（鼻づまり・咳・呼吸音・熱など）、睡眠中の体位や体動などを感じながら観察と記録をします。

・観察者は責任の所在を明らかにするためにも、観察者の名前を明記します。

第**3**章
健康的な園生活と保育者の役割　緊急時の対応

3）食事中および玩具などの誤嚥・窒息事故対策

　子どもが成長発達するために欠かせない食事や遊びの場面においても、窒息の危険が内在しています。食事の誤嚥や玩具等の窒息事故は、子どもの発育・発達との関連性が大きくかかわっています。子どもは思いもよらぬ行動をとるものです。一人ひとりの子どもの発達の特性を見極め、子どもの様子を把握し、保育者間で情報を共有することで、誤嚥・窒息事故を防いでいきましょう。

❶ 食べ物の性質や食事環境に配慮する

・大きさや形状、硬さ、噛みきりにくさ、長さ、カサカサして飲み込みにくいものでないかを確認します。

・子どもの発達に応じたひと口の大きさ・量に適したものにします。

・食事前に水分を摂ります。

・泣いたり笑ったりしているときに、食べ物が口に入っていないか確認します。

・眠くなっているとき、無理に食べさせないようにします。

・食べ終わりには、口の中に食べ物が残っていないことを確認します。

❷ 玩具等の危険物に配慮する

・個々の発達に応じた玩具を選択します。

・子どもの手の届く場所に危険なもの（口に入るもの）がないか確認します。

・子どもの服装にひもやフードがついていると、遊具の角や出っ張りに引っかかり、首を絞めるなど危険となります。

・異年齢保育では、玩具の選択や死角になる場所がないか確認します。

・栽培中のミニトマトや豆粒、木の実などを口に入れる危険があります。

・ボタン電池、薬品、洗剤などは、子どもの手の届かない場所や鍵のかかる棚などに適切に管理します。

・チャイルドマウス[*6] に入る大きさのものは、子どもの誤飲につながるおそれがあります。乳児の最大口径は32mmで、 3歳児の最大口径は39mm、楕円口径51mm です。ですから、チャイルドマウスに入るものは、気道や気管をふさぐ危険があります。一人ひとりの子どもの様子を把握するとともに、保育環境を見直し、誤飲につながるおそれのあるものは、床から1m以上離れた場所に置きましょう。

4）プール活動・水遊びでの事故対策

　楽しいはずの水遊びは、命を脅かす危険な場所でもあります。乳幼児の特性として、10cm の深さでも溺れることがあります。子どもの安全を最優先するためには、子どもの入泳を監視し、監視に専念する監視役を配備することです。

・・

[*6] 直径32mm は子どもの口の大きさです。チャイルドマウスに通る大きさのものは誤飲のおそれがあります。

❶ 監視者は監視に専念する

・監視体制に空白が生じないように体制を整えます。また、監視体制が整わない場合には、プール活動を中止することも考慮します。

・監視者は、プールが終わった後、保育者に子どもを引き渡すまで責任をもちます。

❷ 水遊び・プールの開始前に保育者間で共通認識をもつ

・プールを始める際に注意すべきリスクについて確認します。

・異年齢で入泳することで、小さい子どもが死角になる可能性を理解しておきます。

・入泳中の子どもを監視できる人数を話し合いましょう。

・プールの水は溜めたまま放置せず、排水まで責任をもちます。

❷ 乳幼児の一次救命処置の手順

　心停止から1分ごとに、救命率は7〜10%下がります。近くにいる発見者が速やかに救命処置をすることで、救命効果や治療の経過・回復にもよい影響を与えます。

1）窒息時の対応

　気道に玩具や食べ物などがつまったときは、咳き込みや喉に手を当てて苦しむ動作（チョークサイン）がみられます。呼吸ができなくなって苦しんでいるときは、気道異物による窒息を疑い、気道の異物を除去します（図3-1）。

　気道異物除去の方法として、乳幼児の場合には、胸部突き上げ法（1歳以上児）や背部叩打法を試みます。抱きかかえられない子ども（主に年長児以上）は、腹部突き上げ法を試みます。また、反応（意識）がなくなったときは、直ちに心肺蘇生法*7を実施します。

❶ 背部叩打法

・乳幼児の頭が下がるように腕に胸と腹を乗せ、手のひらで顎を支えます。もう片方の手掌基部で肩甲骨の間を数回叩き、異物除去を行います。また、片手で支えられない子どもは、抱きかかえるなどして異物除去を試みます。

❷ 胸部突き上げ法

・片方の腕に乳児をあお向けに乗せ、手のひらで後頭部を支え、頭を下げます。もう片方の指2本で乳頭上を結ぶ線の下指1本を目安に、胸の厚さ3分の1まで強く数回圧迫します。

❸ 腹部突き上げ法（ハイムリック法）

・主に年長児以上の子どもは、子どもを後ろから抱くように腹部に回し、みぞおちに片手を握りこぶに

*7　1人で行うときは、胸骨圧迫30回に対して人工呼吸2回。2人で行うときは、胸骨圧迫15回に対して人工呼吸2回。

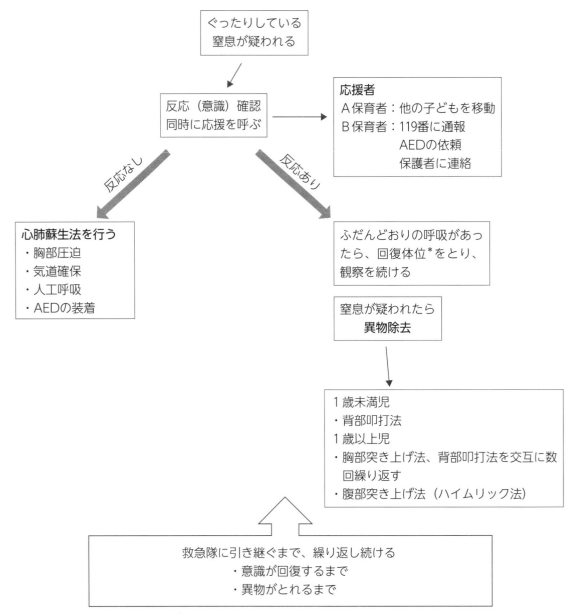

* 「異物がとれた」「ふだんどおりの呼吸がある」「反応あり」の場合には、回復体位をとり、観察を続けます。回復体位とは、応急処置の際、要救護者の処置後にとらせる姿勢です（78頁参照）。
出典：日本赤十字社「乳幼児の一次救命処置」をもとに筆者作成

図3-1 ● 保育中の緊急対応の流れ（乳幼児の一次救命処置）

①背部叩打法　　　　②胸部突き上げ法　　　③腹部突き上げ法（ハイムリック法）

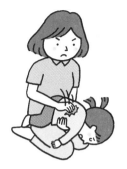

図3-2 ● 窒息時の対応

して当て、もう片方の手でその上から握り、瞬間的に引き上げます。異物が除去できた場合も、内臓損傷していないかの確認のため、必ず医療機関を受診します。

2）心肺蘇生法

意識がないときには、気道を確保しながら呼吸の観察を行います。呼吸がないときには、直ちに心肺蘇生を行います。

① 胸骨を圧迫します。強く（圧迫の深さは胸の厚さの3分の1）、早く（毎分100〜120回）、絶え間なく（中断を最小にする）行うのがポイントです。

② 人工呼吸の準備ができ次第、心肺蘇生法の胸骨圧迫に人工呼吸を加えます。人工呼吸ができない状況の場合、胸骨圧迫のみを行います。

3）AED/ 除細動器の装着[8]

心電図解析・評価をし、電気ショックの必要の有無を決定します。　　　　　　　　　　　　■

ワーク

● 各園での重症となり得る事故事例（玩具遊びや食事中、プール活動、睡眠中など）を報告し合い、どのような対策をする必要があるか話し合いましょう。

● 未就園児の預かり保育で、花はじきやビーズを使った穴落としのおもちゃを作りたいと思っています。誤嚥事故を防ぐためにどのような工夫や注意をしているか話し合いましょう。

● 各園での救急法の訓練の開催回数や方法について、情報交換をしましょう。

＊8　子どもが6歳未満までは、小児用電極パッドを使用します。小児用がない場合には成人用を代用します。また、AED本体に成人用と小児用の切り替えスイッチがある機種は、小児用に切り替えます。

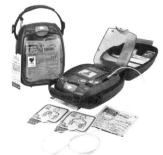

AED-3150（日本光電工業（株））

第 **3** 章

健康的な園生活と保育者の役割　緊急時の対応

第 **3** 節 緊急時の対応

節の
ねらい
● 緊急性の高い疾患を理解する
● 緊急性の高い疾患への対応を理解する
● 緊急時に備えた施設内での役割や体制づくりを理解する

　日頃の保育現場では、思いがけない事故や急変に遭遇することがあります。「ふだんと違う」様子や全身状態の変化に気づくことで、異常や緊急性を判断することができます。たとえ数分のことでも、命にかかわる場合もあるので、緊急性の高い疾患に関する理解を深めましょう。

❶ 緊急性の高い疾患児への対応

1）アナフィラキシー症状への対応

　食物やハチの毒、ある種の薬剤など、アレルギーを起こす物質に体がさらされることで発症します。また、アナフィラキシー症状では、蕁麻疹、口腔や咽頭の腫れ、喘鳴などの症状から、血圧の低下、意識状態の悪化など重篤な状態（アナフィラキシーショック症状[*9]）にもなります。特に、保育現場で最も多くみられるのが食物アレルギーです。

❶ 食物アレルギー児への対応

　食物アレルギーとは、特定の食べ物を食べて起こすアレルギー反応です。発症頻度は、3歳以下では学童児の約2倍といわれています。特に、初めて口にする食品が多い離乳食開始後から1〜2歳時期の子どもに最も多く起きています。

　三大アレルゲンとして挙げられるのが、卵・牛乳・小麦です。その他のアレルゲンとしては、大豆やピーナッツ・ごま・甲殻類等があります。3歳までに半数の子どもが食べられるようになり、6歳までには8〜9割の子どもが食べられるようになります。

　症状の多くは皮膚症状で現れ、呼吸器症状（ゼーゼー・ヒューヒューなど）、粘膜症状（唇・喉、目など）、消化器症状（下痢・嘔吐など）などが現れます。特に注意が必要なのは、即時型アレルギー反応です。平均して15〜30分後に急激に症状が現れ、重篤な状態に陥るのも早いため、緊急対応が求められます。エピペン®0.15mg[*10]が処方されている場合には、症状が一つでも現れたら速やかに注射

*9　アナフィラキシー症状が進み、血圧が下がり、意識が低下するなど全身症状が現れた状態を指します。
*10　エピペン®は、アナフィラキシーを起こす危険性が高く、直ちに医療機関での治療が受けられない場合に事前に医師から処方される自己注射薬です。

を打ち、救急搬送します。

　日々の保育では、医師の指示である「生活管理指導表」等に従って、初めて口にする食品は家庭で二度試してから園で提供します。また、間違ってアレルゲンを食べてしまわないように、トレイや食器の色を変えたり、名札をつけて複数で声かけ確認をしながら、配膳ミスや誤食が起こらないように配慮します。

２）熱中症児への対応

　熱中症は、高温や湿度の高い環境で大量の汗や塩分が失われ、体温調節がうまくできないときに起こります。子どもは大人と比べて、暑さに弱く熱中症になりやすいです。また、子どもは身長が低いため、地面からの照り返し*11の影響を強く受けます。「顔が赤い」「ひどく汗をかいている」「元気がない」等、子どもの異変を見逃さないことです。

　子どもが「喉が渇いた」と思ったときは、すでにかなりの水分が失われています。そのため、喉が渇く前に少しずつ水分を補給させ、気温と体温に合わせて衣服の調節をし、外出時には帽子を被せます。また、こまめに日陰や室内で休息したり、適切にクーラーを使用します。急激な気温の上昇の情報や、熱中症指数計で暑さ指数を確認しながら注意します。加えて、日々の子どもの体調の変化に配慮しながら、無理のない保育をします。「水分が摂れない」「元気がない」「ぐったりしている」などの状態があるときは、風通しのよい涼しい場所に移動し、衣類をゆるめて熱を放散させ、身体を冷やすなどして、医療機関に救急搬送します。

３）腸重積児への対応

　腸重積は、何らかの原因で腸の一部が自分の腸に入り込んで起こります。生後６か月〜１歳半頃までに多く、まだ言葉で表現できず、「不機嫌」や「泣く」などで表現します。症状は、突然強く泣いたり、うずくまったり、嘔吐や血便がみられることもあります。痛みは数分から10分くらい経つと一時的に治まり、しばらくすると再び痛くなるという繰り返しが特徴で「間欠的啼泣」と表現されます。

　突然このような症状が現れたときは、腸重積を疑います。腸重積に対しては、できるだけ速やかに治療を行う必要がありますので医療機関に急いで受診させます。長時間続くと腸管が壊死を起こし、切除しなければならなくなったり、命にかかわる状態になることもあります。

４）頭部外傷児への対応

　乳幼児は頭が大きく、重心が上部にありバランスが悪いため、転倒・転落で頭を打つことがあります。また、乳幼児は頭蓋骨が柔らかく、頭蓋内の多少の出血は症状が出にくいこともあり、外部からわかる

- -

＊11　太陽熱を受けて熱くなった地表面の熱。輻射熱といいます。コンクリートからの照り返しなどもあります。

表3-3 ●緊急時の職員の動き

メンバー	役割
A 職員	・その場に居合わせた職員が急変を知らせ、応援を呼びながら救命処置を行う
B 職員	・ほかの子どもを移動する
C 職員	・119番通報と同時に管理者・保護者への連絡
D 職員	・救急車・救急隊の誘導
看護職	・看護職がいる場合には、救命処置を行う
救急車への同乗	・その場の状況を把握し、救命の処置にかかわった人が同乗するのが望ましい
施設長	・保護者や自治体など関連部署への連絡 ・事故後、ほかの保護者や近隣者への対応 ・職員会議を行い、翌日からの保育体制を確認する ・事故直後、速やかに事故記録を書く（自分の見た事実を一人ひとりが個別にボールペンで書く）ことを指示する

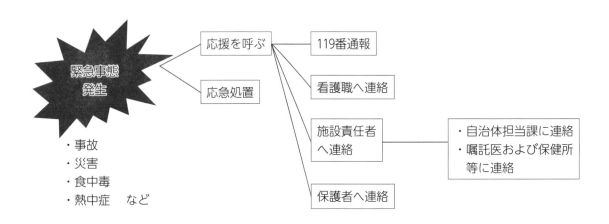

図3-3 ●緊急時に備えた体制

傷がない場合でも、頭蓋内で異常が起こっていることもあります。

　そのため、頭を打ったときにはどの程度の衝撃かを知る必要があります。どのような状況で頭を打ったか、打ったときにすぐに泣いたか、しばらくぼーっとして意識がない時期があったかどうかが大切です。すぐに泣いた場合は、1～2時間ほど静かに過ごして様子をみましょう。しばらく泣かない、呼吸が苦しそう、吐き気がある、意識がない、もうろうとしている、言っていることがおかしい、けいれんしている、頭を痛がる、出血している、ぐったりしているなどのときは、重大な脳障害を起こしている可能性もあります。応急処置としては、ゆさぶったり大きな声で呼びかけず、水平に寝かせて頭を動かないように固定しながら直ちに救急車を要請します。元気に回復したときも24時間は注意深く観察するように家族に伝えます。

② 緊急時に備えた園内の体制づくり

　緊急時には誰もが冷静な判断力を失ってしまうものです。「応急処置をする」「一次救命処置をする」「救急車を呼ぶ」等、管理者の判断を仰がないと行動がとれないのでは、子どもの命は守れません。いつなんどき起こるかわからない事態に備え、日頃から役割分担を明確にし、体制をつくっておいて、即座に必要な行動がとれるようにします。同時に、そのときの子どもの状態を的確に観察し、適切な行動の判断ができることも必要です。

1）緊急時に備えた役割分担

　日々の保育では、土曜保育や長時間保育で保育体制が変わります。さまざまな園体制に合わせた役割分担を確認しておく必要があります。誰が何をするか、担当者の不在時には誰が担うのか等、緊急時の役割分担に沿って定期的に対応訓練を重ねておきます。その時々で状況が変わることも念頭に、臨機応変の対応をしなければなりません（表3-3）。

2）緊急時に備えた体制づくり（連絡フローチャート）

　いざというときに備えて連絡体制を確認しておきます。必要な連絡場所を記載しておくことで、スムーズかつ的確に報告できます（図3-3）。　■

ワーク

● 食物アレルギー児への誤食事例等を出し合い、各園の対応や工夫について話し合いましょう。

● 自園の熱中症対策での対応や工夫を話し合いましょう。

● 緊急時に備えた園内の体制づくりをどのようにしているのか、工夫していることなど話し合いましょう。

column

医師とのトラブルの原因

　保育中に3歳の子どもが熱（38.5℃）を出しました。お迎えの際、保護者に「園内でインフルエンザの流行もあり、その疑いもあるから病院で検査をしてもらい、結果を園に知らせてください」と伝えました。受診の際、保護者が園で言われたように医師に伝えたところ、「診断は医師がするもの。検査を指示するなどもってのほか」と医師は憤慨し、園に抗議の電話がありました。

　このようなとき、実際にどのような対応が望ましいのでしょうか。

　保護者への受診の勧めは、あくまでも子どもの状態（38.5℃と高熱である）の悪化を防ぐためです。したがって、保護者には、子どもの状態と症状の変化を時系列に沿って伝えることで、医師の診断の参考にしてもらいます。受診の際には、あくまでも診断の参考にしてもらう情報として、園内の感染症の状況（園内、同じクラス内など）を保護者から医師に伝えてもらいます。

　医師は、子どもの現時点の症状や園内の感染症発症状況や地域の流行状況などさまざまな情報をもとに診断します。保育者として、診断や検査の指示はできないことを職員間で情報共有しておきましょう。

参考文献

▶ 厚生労働省「保育所におけるアレルギー対応ガイドライン（2019年改訂版）」2019年

QRコード

▶ 厚生労働省「保育所における感染症対策ガイドライン（2018年改訂版）」2018年

QRコード

▶ 小保内俊雅・五島弘樹・遠藤郁夫・帆足英一・仁志田博司「保育施設内で発症した死亡事案」『日本小児科学会雑誌』第118巻第11号、2014年

▶ 内閣府「教育・保育施設等における事故防止及び事故発生時の対応のためのガイドライン」2016年

▶ 内閣府子ども・子育て本部「「令和元年教育・保育施設等における事故報告集計」の公表及び事故防止対策について（令和2年6月26日）」2020年

QRコード

▶ 日本赤十字社「乳幼児の一次救命処置〜市民用〜（7版）（2017年5月1日）」2017年

▶ 山中龍広・寺町東子・栗並えみ・掛札逸見『保育現場の「深刻事故」対応ハンドブック』ぎょうせい、2014年

安全計画に基づいた園生活と保育者の役割

第 1 節　学校安全計画の作成

節の
ねらい
- 学校安全計画とは何かを知る
- 学校安全計画を立案する際のポイントを知る

1 学校安全計画とは

　学校安全計画とは、学校保健安全法第27条により、すべての学校で策定・実施が義務づけられている、安全教育の計画および安全管理の内容を関連させ、年間を通した安全に関する諸活動の基本計画です。そのため、地域性を活かした独自の学校安全計画の作成が必要となります。

2 幼稚園等における年間学校安全計画の作成

　幼稚園等においては、年度初めに安全会議を実施し、1年間に実施すべき施設設備の安全点検、安全指導、環境衛生、園児や保育者の健康診断、行事予定、生活指導、保育者の研修等の内容を検討します。そして地域性を活かした学期・月・週・日ごとの目標やテーマを立て、予定を計画します。立案には、保護者や地域の関連機関との連携も踏まえた園独自の計画が望まれます（表4-1）。■

- 表4-1の学校安全計画から、地域性を活かした計画とはどのような特徴があるか確認してみましょう。

46

表4-1 ●学校安全計画の例

この幼稚園では、自然豊かな体験を多く取り入れながら日々の保育を行い、子どもたちにとっての「特別な経験」から生まれる成長を大切に、「体験の質」にこだわった保育を実践しています。実際の体験から、生きる力を育むため、日頃から保育者間の連携を密に安全対策に力を入れています。

この幼稚園では、実際に子どもたちが体験する機会を多く設定しています。園外での活動体験を多く行っています。そのための準備や計画を全保育者で行い、安全を確保しています。

実際の体験、体験の質にこだわり、園外での活動体験を多く行っています。

自家農園にて野菜づくり、実際に野菜の収穫を体験し、食育活動につなげています。

月		4	5	6	7・8	9	10	11	12	1	2・3
行事		始業式・入園式・対面式	園外保育・春の親子遠足	虫歯予防・プール指導・保護者参観・じゃがいも掘り	夕涼み会・終業式・ホームカミング・お泊まり会・夏期保育・プール指導	始業式・敬老の日・プール指導	運動会・秋の遠足	大根掘り・お店屋さんごっこ・七五三・森の探検	クリスマス会・正月あそび・終業式	始業式・おもちつき会	豆まき・山林伐採体験・卒園式・お別れ会・卒園式・修了式
安全教育	生活安全	○園内の安全な生活の仕方・登降園の仕方・遊びの場や遊具（固定遊具を含む）、用品とのかかわり方・小動植物とのかかわり方・園外保育での安全な仕方・並ぶ、間隔を空けない等	○園内の安全な生活の仕方・生活や遊びの中で必要な道具や用具の使い方（はさみ、審判）・通園バスの出入りの仕方や乗り降りの仕方・集団で行動するときのルール・一人で行動しない	○雨の日の安全な生活の仕方・雨具の扱い方・廊下、室内は走らない・水遊びの際のルール・プール指導・川遊びでの約束・川の流れを意識し水深の違う場所を自分で特定せず・家に帰ってからの約束、知らない人についていかない・乗り物に関するルール・横断歩道の渡り方・園バスの中の約束	○夏季休業中の生活について安全で楽しい過ごし方・花火の約束・外出時の約束・一人で留守番しない・お泊まり会での参加の仕方（年長）・自然の楽しさや怖さを知る・自分の安全は自分で守る・戸外で体を十分動かして遊ぶ・集団で行動する際のルール・水遊びの際の約束・連絡帳の約束・プールでの約束	○生活のリズムを整え、楽しく安全な生活・生活を楽しく過ごす・園庭固定遊具の安全な使い方・縄跳びの扱い方※5歳児：後に主人への安全を考えたかけ方・集団で行動するときの約束・戸外で体を十分動かして遊ぶ・教職員の指示を聞き、分かる気をつける・運動会の練習のときの約束・集合の合図・友達との歩行	○さまざまな遊具の安全な使い方、遊び方・ボール（ける、投げる等）の遊び方・縄跳びの扱い方※5歳児：後に主人への安全を考えたかけ方・集団で行動するときの約束・戸外で体を十分動かして遊ぶ・教職員の指示を聞き、分かる気をつける	○さまざまな遊具や用具の安全な使い方、片づけ方・目打ち、段ボールカッター等・不審者対応・園庭への侵入したときの避難の仕方・集団で行動するときの約束・教職員の指示を聞き、分かる気をつける・自然の中での危険を知る・土の土手で遊ぶときの危険、自然物の意識をする	○体を動かして遊び、室内にこもらず、戸外で遊ぶ・危険につながらない・冬の健康な服装・安全な行動の仕方・遊び場所、きまり・受け身の練習	○すすんで体を動かし、安全で元気な生活・室内外での活動・危険につながらない行動・生活面の仕方・冬の健康な服装・安全な生活の仕方・受け身の仕方の安全指示も聞く	○自分の身の回りの安全に自ら気づき、判断し行動する・担任以外の教職員の指示も聞く・異年齢の交流場面での安全に関する約束を自主的な約束の確認
	交通安全	○安全な登降園の仕方・初歩的な交通安全や約束の必要性・道路の横断の仕方・道の前での安全な横断の仕方際の注意事項	○道路の安全な歩き方・標識、標示（止まれ等）の意味・安全確認（左右を見る）の仕方・警察官の交通安全教室・道路の横断の危険・安全な園庭の乗り降りの仕方・自転車の乗り降りの仕方	○雨の日の安全な歩行の仕方・道の歩き方・傘の持ち方・カッパ着用時の注意・園外保育での安全な歩き方	○交通安全に関する約束の再確認・飛び出し・道路では遊ばない・自転車に乗るときの約束・自動車の前後の約束・駐車場内の行動	○園外保育での交通安全・道の端を歩く・ふざけながら歩かない・集団での横断・体育館への移動する際の道路横断	○信号の正しい見方・点滅しているときの判断の仕方、適切な行動・バスの中の安全な過ごし方・初めて歩く道での約束・安全に歩く	○登降園、園外保育時の交通安全・道路の横断・目打ち、自分で見分ける気をつける、守る・自分の耳と目で確かめる習慣・子どもだけの道で気をつけ歩く	○さまざまな状況、場面での交通安全ルールの理解・道路の横断・駐車中の自動車の前後・信号が点滅しているときの約束・誘導の防止	○交通安全のために、自分で判断して行動する習慣・交通量の多い道路での歩行・横断	○交通安全のために、自分で判断して行動する・降園後の生活・電車の乗り継ぎを経験し、ホームや階段の危険の確認
	災害安全	○避難（防災）訓練の意味や必要性・避難の仕方・階段の横断の仕方・「おかしも」の約束・放送で伝える・防災頭巾のかぶり方	○避難（防災）訓練の意味・放送で伝える※3・4・5歳児：避難時・火災時は靴をそろえない・持っているものは置いて避難・ハンカチを鼻、口に当てる・光化学スモッグの注意事項	○（地震）避難訓練：サイレン、放送で伝える・地震のときの避難の仕方（園舎内は避難する場合がない時間）・机の下に潜る・階段の移動の約束・地震のときの避難の仕方（揺れ2階で決められた時間に余裕がある外へ避難）・園庭にて保護者への引き渡し訓練（小学校に連絡）	○園外活動している際の地震訓練時の避難の仕方・園外保育活動中に避難行動について話す	○（地震）避難訓練：警報伝言発信・大地震が起きたときの避難の仕方・保育者に保護者について行動する・園児には事前に知らせず・自由保育時に実施する・第二次避難場所へ避難	○（火災）避難訓練：サイレン、放送（放送・予告なし）・大きな揺れが続いているとき・すみやかな避難行動・頭を守る、危険のない場所に誘導・子どもの道でもとも行動がある等	○（地震）避難訓練：サイレン、放送で伝える・大きな揺れが続いているとき・教職員の指示にしたがって再避難・園に留まり、再行動・園の指示にしたがって避難する等	○（地震、火災発生：放送で伝達）・第三次避難場所へ避難・ルート確認（園庭）・防災頭巾をかぶっての安全な歩行練習	○（火災避難訓練・放送で伝える：予告なし）・園周りの状況、放送で予告せずにいる教職員の指示・園長からの指示・火災発生時に組織集合の指示・身を守る行動	○（地震避難訓練・予告なし）・１年間の取り組みを振り返り、さらに避けるときの自分の身の守り方
	安全管理	○安全点検表の作成・園内の環境点検、修繕、清掃・園の遊具、用具の点検、整備、清掃・体育館の遊具、用具の点検、整備、清掃	○園外保育・遠足等の目的地の実地踏査・消防署の指導により教職員の通報訓練、初期消火訓練・秋川文化スイミングにて園上の実地指導・プール指導の実際指導を共有する	○幼児の動線を考え、室内での安全な遊び場づくりの工夫・水遊びの用具、プールの安全点検・雨天時の園庭の状況、ぬかるみの点検・川遊びの際の危険箇所の配置確認	○お泊まり会の活動場所における危険箇所・配置の点検・夏季休業中の園庭内外の施設・新学期が始まる前に、施設内の点検・用具やみの点検	○使い慣れた遊具、場所の安全面の点検・危険な行動に対する配慮、指導・職員同士の共通理解の徹底	○戸外での遊び、遊び場の安全管理・幼児の遊びの動線への配慮・電車を使う遠足では、使う路線の方法について点検もを含めた実地踏査	○園外保育を利用し、信号の見方、道の歩き方等の体験指導を行う	○園内設備の点検、使用する場所の安全管理・園庭凍結時の処理・朝の点検強化	○園内での遊び、深い遊びにこもらず、戸外へ、教職員による安全管理・同士の指導・園庭の温度、湿度の把握・戸外での遊びの増加	○１年間の安全点検の評価、反省・次年度の防災組織等の再編成
	安全に関する組織活動（推進する組織含む）	○保護者会、園便りで・園生活を安全に過ごすためのきまり・避難時の約束、園外引き渡しの仕方、園内引き渡しの仕方・不審者、病気に対する対応・緊急連絡方法の徹底、緊急連絡方法の連絡（AED含む）・遊びの安全点検の仕方の研修（保育業者）	○園便り、報告書で・健康診断の結果連絡・健康管理・緊急一斉メールの確認・光化学スモッグ警報発令時の対応の点検・心肺蘇生法（AED含む）の研修	○園便り・一斉メールで・プール指導の結果連絡・健康管理・夏の生活を安全に過ごすために（健康生活、落雷、台風など）への注意、危険など・警報言発令時の避難行動、引き渡し訓練（市と連携）・消防署から消火、訓練を受ける	○お泊まり会の活動場所における危険箇所・配置の点検・共同実施・夏季休業中の園舎内外の施設・新学期が始まる前に、施設内の点検・園庭トラ（雨どい）等の点検	○園便り・一斉メールで・パスコースや通路を見直し、安全な通過・生活面の改善・秋の交通安全運動・国民防災の日（1日）	○園便り・一斉メールで・戸外での活動場所への注意の動きへの配慮を行う・幼児の様子・幼児期の遊びの動きの理解・電車を使う遠足では、使う路線の方法について点検もを含めた実地踏査	○園便り・一斉メールで・家庭での健康を見合い、安全な通過場所づくり・子どもの生活へ確保の協力・不審者への対応・市の不審者メールにメールを添付して送信	○園便り・一斉メールで・冬休みの健康で安全な過ごし方（健康生活、遭遇、けが等）の再確認・年末年始の防災活動	○園便り・一斉メールで・降雪時の園庭、園舎、ラス流の休園・降雪時の体調、登降園時の安全・降雪時の園庭などの歩行、身支度などの配慮	○園便り・一斉メールで・教室での生活について・春休みの生活について安全対策に関する研修

事例提供：秋川文化幼稚園

第 **2** 節 ┊ 安全教育・安全管理

> **節の ねらい**
> ● 安全管理マニュアルの活用法を知る
> ● 子どもがけがをした際の対応を理解する
> ● 園児が安全に園生活を送るためのリスクマネジメントを学ぶ

1 安全管理マニュアルの理解と確認

　幼稚園等における安全管理では、子どもの安全を確保するための環境を整え、環境や行動等の危険を速やかに察知することが大切です。万が一事故等が発生した場合に、適切な応急手当や安全措置ができる体制を確立して、安全の確保を図ることが必要です。安全管理は立地を含む園環境や子どもの状況などにより異なるため、各園の実情に応じた管理が不可欠です。

　特に施設設備の点検などのマニュアルは、日々確認が必要で、全保育者が理解・連携を図りながら安全を確保します。そのためにも、事故を起こしやすい場所を事前に把握しておきましょう（表4-2）。

2 安全教育

　幼稚園等における安全教育は、園生活を通して安全な生活習慣と生活態度の育成を図り、子ども自身が自ら安全な生活を送ることができるようにすることを目指しています。日々の遊びの中で十分に体を

表4-2 ● 事故を起こしやすい場所

園舎内での事故が起こりやすい場所	園舎外での事故が起こりやすい場所
出入り口・ドア・窓・机・椅子・棚・遊具・玩具・工作道具・冷暖房器具・廊下・階段・昇降口・ベランダ・トイレ・手洗い場・（経年劣化などによる）段差	すべり台・ぶらんこ・うんてい・鉄棒・ジャングルジム・運動場・砂場・プール・飼育施設・門扉・塀・通園バス

出典：全日本私立幼稚園連合会『園児を事故・災害から守る安全対策のてびき』2010年より筆者作成

動かすことで、危険な場所、事物、状況等を知り、いざというときにとるべき最善の行動について、体験を通して学べるようにすることが必要です。

③ 日常のけがの処置

子どもたちは遊びの世界を広げながら成長していくことから、けがをすることは日常茶飯事といえるでしょう。その際、保育者は、けがをして精神的にショックを受けていることにも配慮しつつ、それぞれの傷害の程度に応じて適切な対応をとらなければなりません。必要に応じた応急手当ができることが責務です。

1）すり傷、切り傷、刺し傷

元気に遊ぶ子どもたちは、すり傷、切り傷、刺し傷をたくさんつくります。そのため、適切な処置をしないと感染し、化膿することもあるため、「たかがすり傷」と思うのは危険です。付着した砂や土を流水できれいに洗い流し、きれいなガーゼやタオルで傷口の水分や血を拭き取ります。その後、絆創膏等で傷を覆います。入浴前に絆創膏をはがし、傷の状態を確認することを保護者に伝え、翌日の登園後、傷の状況を保護者とともに確認することが大切です。

2）頭部打撲

子どもは頭が大きく重心が上方にあるため、バランスを崩して転倒し頭を打ちやすいです。そのため、頭をぶつけた直後は、横になり患部を冷やし、安静にして様子をみます。顔色や嘔気、嘔吐、頭痛、けいれん、意識の有無、出血の有無などを観察することが大切です。特に異常がみられない場合でも、頭部をぶつけたことや帰宅後の観察ポイントを保護者に伝え、症状があるときは医療機関の受診を依頼します。

3）目の異物

目に砂が入ったり、指が目に入ることがあります。目をこすると角膜に傷がつくため、こすらないようにします。目を洗うことが必要ですが、子どもが嫌がる場合は医療機関を受診します。

4）鼻血

鼻をぶつけたり、鼻をほじったりして粘膜を傷つけ出血することがあります。鼻血は、少しうつむい

て、5〜10分程度鼻の中に何も入れず、鼻翼全体をつまんで圧迫止血をします。15分以上鼻血が止まらない場合は、医療機関を受診します（首の後ろをたたいても効果はありません）。

5）骨折

骨折とは、転倒や転落により骨が折れたり、ひびが入ったり（不完全骨折）することです。子どもは骨が軟らかいため、完全に折れない骨折もあります。けがをした箇所を痛がる、腫れている、動かさない、内出血により皮膚が変色している等、骨折が疑われる症状がある場合は、患部をはさみこむように副子*1で固定し、医療機関を受診します。患部の骨が見えている場合（開放性骨折）は救急搬送します。

6）捻挫

関節には、骨と骨をつなぐ靱帯や関節を包む組織の関節包があります。それをひねって痛めてしまうことにより、腫れや痛み、内出血、変形などが伴います。患部を冷やし、副子を当て固定し、医療機関を受診します。

7）肘内障

肘の靱帯から肘の外側の骨（橈骨頭）が外れかかることによって起こります。子どもと手をつなぎ体勢を急に変えたり、眠っていて寝返りをうつときなどにも起こります。痛がって肘を下げたまま、動かさなくなります。三角巾*2等で固定し、医療機関を受診します。肘内障は繰り返すため、保育中の配慮事項としてどちらの腕が外れたのかを把握します。

8）歯の打撲

子どもは転びやすく、その際に手をつかず前歯を打ってしまうことがあります。その結果、歯がグラグラしたり、歯の位置がずれたり、脱臼や転位、骨折、神経損傷等が起こる可能性があります。見た目ではわからないこともあります。歯を打撲してグラグラしていたら、歯科を受診します。

④ 交通安全指導

園生活のあらゆる場面を通して、幼児が安全に行動できるように指導が行われています。
・遊びの中で十分に体を動かし、自分の思うとおりに体を動かすことができるようにする。
・毎日の園生活の中で安全な行動に対する意識を身につける。

*1 患部を固定し安静にすることにより、苦痛を軽減するための支持物のことです。
*2 けがなどの止血や固定といったさまざまな用途に用いられる布です。

・小学校への登校に備え、横断歩道の渡り方や信号機の意味などの交通ルールを理解する。

【事例】

　園によっては、同じ敷地内にすべての施設があるとは限りません。この園では、体育館に行く場合は道路を渡らなければなりません。そのため、保育者も子どもたちも安全に渡ることを日々の保育で実践しています。

　横断歩道のない道を渡るために必要なことを、日々の保育で体験している子どもたちには、手を挙げるだけではなく、左右を確認したうえで渡ることはもちろん、この車の運転手は止まってくれそうかどうかを判断することが本当の意味の安全

写真4-1 ●道路を渡る際の安全対策

対策であることを伝えています。保育者は道路の中央に手を広げて立ち、道路の両側にも保育者を配置し、横断前と横断後の安全を保つことを毎回実践しています（写真4-1）。

　写真4-2は、警官による「交通安全教室」を受けた後、警察の指導の下で「道路横断の実践」を行った様子です。ふだん以上に手をピンと伸ばし、ちゃんと渡っている姿を見せています。安全への意識を高めていくため、ふだんから仲間と一緒にルールを守り道路を渡ることを実践しています。

　2歳児のプレ保育では、保育者が道路の中央に手を広げて立ち、園児自身が左右の安全確認を行い、渡ります。道路の両側に保育者を配置し、横断前と横断後の安全を保ち、リング付きの散歩用ロープを利用して、保育者が先導して一度に横断しています（写真4-3）。

写真4-2 ●警察の指導による「道路横断の実践」

写真4-3 ●プレ保育の2歳児による道路横断

第4章　安全計画に基づいた園生活と保育者の役割

5 プール指導

　プール遊びでは、どのようにしたら安全で楽しく行うことができるのかを考え、人員の配置を検討しなければなりません。プール遊びでは例年、重大事故が起きていることを踏まえ、事前の準備から緊急事態発生時の対応等までを全保育者が理解し、重大事故につながらない仕組みをつくることが重要です。

【事例】

　25mの室内温水プールを完備している幼稚園では、プール専属の指導員2名が、1クラスごとに水泳指導を行います（写真4-4）。子どもたちは、指導員から浮き方、泳ぎ方を、楽しい水遊びを通して教えてもらいます。

　安全対策として、園児は両腕にフローター（浮き輪）を必ず着用します（写真4-5）。クラス担任は、水が怖い等配慮が必要な子どもの対応をすることで、安全を確保しています。特別支援の対象となる園児については、加配の保育者がプールに一緒に入り、マンツーマンで指導しています。

写真4-4 ●プール遊びの様子

写真4-5 ●両腕に浮き輪を付けて安全を確保する

6 侵入者防御・対応

　不審者やさまざまな犯罪から身を守る方法を身につけるために、発達に応じた基本的な対処法を伝え、家庭や地域との連携により園児の安全を図ることが必要です。

　仮に不審者の侵入があったとき、単に「不審者が侵入しました」と叫ぶと、相手を刺激してしまうかもしれません。そのため、「○△さんが来ました」「×□さんいますか」等の合言葉をつくり、全保育者が把握をし迅速に子どもを守る行動を行います。

備えておくと安心：ネットランチャー・防犯盾・さすまた・防犯スプレー・防犯ブザー

　　　　　　　　※使い方を確認し、研修してすべての保育者が活用できるようにしておきましょう。

【事例】

　最近ではセキュリティシステムを導入している幼稚園等も多くあるのではないかと思います。この園では、防犯カメラを設置しているものの、あえて塀などを高くせず、フェンス越しに周囲が見えるようにしています。見知らぬ人が園の中をのぞいている場合は、保育者が何げなく声をかけるようにしています。近隣の方とのふだんからのコミュニケーションに加えて、保護者など家族の顔をしっかりと覚えることや、見知らぬ人の確認を実施しています。保育者は外部から見える位置で用務や事務仕事をするようにしているなど、不審者を入れない園運営を心がけています。　　　　　　　　　　　　　　　　■

● 実際に行っている安全教育の例を挙げて、子どもの発達に応じた安全教育の方法を話し合いましょう。

第**3**節 保育者の共通理解・リーダーシップ

> **節の
> ねらい**
> ● 園児の登降園時の安全対策について理解する
> ● 園外活動におけるリスクと対応策を学ぶ
> ● 地域特性に応じた保育を考える

　幼稚園教育要領の「第1章　総則」の「第1　幼稚園教育の基本」に「教師は、幼児の主体的な活動が確保されるよう幼児一人一人の行動の理解と予想に基づき、計画的に環境を構成しなければならない」とあるように、園の全保育者が話し合い、共通理解することで、保育が円滑に進みます。

❶ 登降園時の安全対策と通園バスの安全対策

1）徒歩・自転車通園の安全対策

　幼稚園への登降園の手段として、徒歩・自転車・自家用車・通園バスなど、保護者が選択しています。
　徒歩通園は、保護者と手をつなぎ、車道側は保護者が歩くなど、交通ルールを保護者が子どもと一緒に守りながら通園することが大切です。
　自転車通園は、頭を守るために自転車用ヘルメットをかぶらせ、幼児専用座席を使用しシートベルトを着用します。そして、子どもを乗せたまま自転車から離れたりせず、前後に子どもを2人乗せる場合は、転倒防止のために「乗せるときは後部から前部」、「降ろすときは前部から後部」の順を守ることや、雨の日は滑りやすいため使用しないなど、安全への配慮をお願いします。
　自家用車通園は、保護者の方に駐車場の使用方法を守り、園周辺では徐行等、園児の安全確保に協力をお願いします。

2）通園バスの安全対策

　通園バスは、自宅と園をルートごとに子どもたちを分けているため、ルートや人数により乗車時間が違ってきます。そのため、乗車時間に応じた、バスでの安全な過ごし方のルールを決めることが必要です。子どもが話をせずじっと車内で過ごすことは難しく、子どもたちがバスの乗車を楽しむことができるよう、保育者は配慮が必要です。バスの乗降を安全に行うために、事前に保護者とルールの確認をす

54

ることで、安全対策への協力をお願いします。

　幼稚園バスの座席は「幼児専用シート」となっているため、保護者や引率者などの大人は着席することができません。また「シートベルトの着用」は義務づけられていません。これは、幼児の体型に合うシートベルトがない、緊急時の脱出が困難になる、接触事故などの際にけがの原因となることが考慮されています。子どもたちが、乗車中、立ったり、歩き出したりすることがないように配慮します。保育者の安全対策と運転手による安全運転が無事故につながります。

② 散歩・宿泊行事における安全対策

1）　散歩

　散歩では、あらゆる場面に危険が潜んでいます。事前に散歩先の現状を確認し、起こり得る事故等を予想し、対策を検討しておくことが必要です。地域との連携を深めることで、協力体制を広げましょう。
【事例】
　歩道のない道路を歩くときは、保育者が車道側にはみ出し、園児と車両との距離を保ちます（写真4-6）。保育者を全体に均等となるように配置し、交通量の多い通りに出る際は、曲がり角の車道の中央に保育者が立ち、よそ見した子どもが通りに飛び出さないように注意しています。

　車が脇を通行する際は、笛で合図して歩行を止め、園児が飛び出すなど万が一を考えた対応をしています。

写真4-6 ● 散歩の際の安全対策

2）宿泊行事

　保育者と園児で宿泊すること（お泊り保育とも呼ばれます）は、集団生活を通して規則正しい生活を身につけること、保護者と離れて1泊2日を過ごすことで自立心を養い、友だちや保育者との絆を深めること、共同生活で協調性やルールを守ることをねらいとしています。実施する時期や内容は園によって違いがあります。

　安全な宿泊を実施するために、子どもたちにとって危険な場所はないか、天候の悪化などを視野に入れた入念な下見を行い、無理のないタイムスケジュールを組む必要があります。特に夏場は、虫などの

害虫対策や熱中症対策もしっかり行います。ふだんとは違う環境のため、子どもの小さい変化も見逃さないように、宿泊では、いつも以上に子どもたちの様子を観察し、何にストレスを感じているのか、その子のふだんの性格などから考えて気持ちのケアができるよう心がけることが必要です。そのためにも、宿泊の引率や見守りは、園内と同じように考えていると危険です。リスクが大きくなることを想定した安全対策と保育者の共通理解が重要です。

【事例】

夏休み期間中、５歳児クラスの子どもたちを全保育者が引率し、初めて利用する施設で宿泊行事を実施しています。大自然を満喫し、ボート遊びや魚のつかみ取り、鍾乳洞探検等さまざまな体験をします。保育者は、一定の間隔でさまざまな方向から、子どもの動きを確認しています。特に鍾乳洞での探索はうす暗くひんやり涼しいため、ちょっと怖いけど入ってみたい、ワクワク・ドキドキしながら自然の神秘を満喫しています。通路も細く、普段の環境とは違うため、よりいっそう安全確保に注意を払っています。■

写真4-7 ●宿泊行事の様子

● 地域の特性を活かした宿泊行事の取り組みを、グループで話し合いましょう。

column

日常の積み重ねが大切

　5歳児クラスがバスで園外保育に出かけた際、川原でお弁当を食べ始めたら大雨が降り始めました。そのため、お弁当をリュックにしまい、準備のできた子どもから、座っていたビニールシートを頭にかぶらせ、大きな木の下への雨宿りを促しました。

　すると、近所の住民が「うちのガレージに移動すれば濡れないから」と、子どもたちに声をかけてくれました。しかし子どもたちは、「園長先生が木の下で待つようにと言ったから、園長先生がいいと言うまでここにいる」と、誰も動きません。

　そこで、その住民は園長のところに歩み寄り、子どもたちがこのように言って動かないから、ガレージに移動するように指示してほしいと伝えにきてくれました。ふだんから、何かあったときは保育者の指示に従う、勝手な行動はしてはいけないことを話していたので、このような行動をとることができたと、園長は子どもたちの成長を感じたそうです。声をかけてくれる親切な方にも、子どもたちから感謝の言葉を伝えました。雨がやんだ後はおいしいお弁当をみんなで食べ、素敵な思い出がいっぱいの一日となりました。

　ふだんの積み重ねが子どもたちの成長につながることを、あらためて実感することができました。

参考文献

▶文部科学省「「生きる力」をは
　ぐくむ学校での安全教育」
　2019年

QRコード

▶内閣府「就学前の教育・保育に
　おける交通安全の視点も含めた
　安全教育例」

QRコード

▶全日本私立幼稚園連合会「園児
　を事故・災害から守る　安全対
　策のてびき」2010年

QRコード

事例・
写真提供

▶秋川文化幼稚園（東京都）

安全な園生活および
災害の備えと
危機管理

　近年、世界各国では、急激な気象の変化や自然災害、事故や事件等へのさまざまな対応に追われています。乳幼児を預かる幼稚園等において、事故や事件、自然災害が発生した場合、全保育者が子どもたちの命を守る行動がとれるようにしておくことが大切です。

1 災害の備え

　防災、防犯および救急体制を整え、災害による被害を最小限にとどめ、冷静に行動することが必要です。そのために、毎月の訓練や会議等を実施するなかで、計画の見直しに取り組み、保護者や地域との連携を深めることが大切です（図5-1）。

1）施設・設備の安全点検

　園舎の耐震、耐火の確認を定期的に実施することで、安心して過ごすことができます。日々の保育のなかで、破損しているところはないか、確認・点検が不可欠です。安全点検表を作成し、見落としのないように、全保育者で取り組みます（表5-1）。

2）避難経路の安全点検

　避難経路や防火扉の周辺に、物を置いていませんか。大勢の子どもたちが素早く避難するためには、常にスペースを確保しておく必要があります。整理整頓を心がけることが大切です。

3）防災備品の準備と安全点検

　園舎内、倉庫、通園バス等、備えておくものをリストアップし、飲食物などは消費期限などを確認・点検し、必要に応じて補充を行います。せっかく用意しても使用方法がわからないということがないように、全保育者に周知が必要です。アレルギー児の対応は、保護者と相談し、３日分の食料等を預か

名称	担当	主な対応
総括本部	理事長・園長（不在等の場合には、副園長、教頭、学年主任等が対応する）	・被害状況等の把握、避難の実施方法の決定 ・避難経路の安全性の確認、避難指示 ・二次災害等の情報収集 ・非常持ち出し品の搬出 ・行政等の関係機関への連絡
避難誘導・安否確認班	各クラス担任保育者等	・園児の安全確保 ・園児への的確な指示（押さない、走らない、しゃべらない、戻らない） ・担当クラスの園児数の確認、負傷の有無・程度、行方不明者等を総括本部に報告 ・園児個別対応（恐怖で動けなくなったり、パニック状態になったりした園児への個別対応等） ・非常持ち出し品（出席簿、緊急時連絡票等）の携帯 ・避難場所の確保 ・保護者への連絡
救出・救護班	クラス担任外保育者等	・教室、トイレ、遊戯室、園庭等の残留園児の確認 ・負傷者の救出 ・負傷者の応急手当 ・医療機関への連絡 ・行方不明者の捜索 ・救急用品の常備
消火班	上記以外の保育者（事務職員、バス運転手等）	・出火防止措置（ガスの元栓を閉める、電気のブレーカーを切る等） ・初期消火活動

図5-1 ● 災害発生時の役割分担の事例

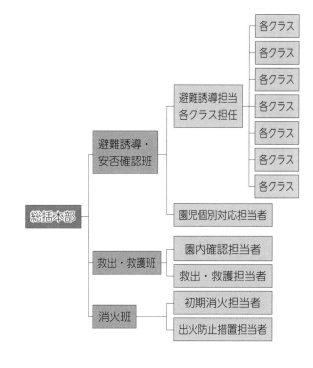

表5-1 ● 施設・備品チェックリストの事例

潜在的な危険を未然に防ぎ、二次災害を防止するため、施設の安全点検を定期的に行う。

災害予防のための施設点検〔 月 日 曜日 天気 〕	チェック欄	改善日
職員室・保育室・遊戯室 天井や壁に取り付けられた空調機は固定しているか。		／
照明器具は固定しているか。		／
放送設備（テレビ、スピーカー等）は固定しているか。		／
掛け時計、掲示物、黒板は落下しないか。		／
本棚、ロッカーは補助金具等で固定しているか。		／
ピアノ、オルガン、コピー機は動かないように固定しているか。		／
棚等の上に重い物や器具は置いていないか。		／
窓ガラスの飛散防止対策をしているか。		／
引き戸、ドアの開閉はスムーズか。		／
廊下・テラス・階段 廊下等に避難の妨げとなる物を置いていないか。		／
下駄箱は固定しているか。		／
砂や水で滑りやすくなっていないか。		／
腐食箇所や釘などは出ていないか。		／
階段の手すりにぐらつきはないか。		／
照明器具は固定しているか。		／
窓ガラスの飛散防止対策をしているか。		／
トイレ 滑りやすくなっていないか。		／
ドアの開閉はスムーズか。		／
照明器具は固定しているか。		／
園庭 危険物はないか。		／
溝の蓋は完全に閉めているか。		／
遊具のぐらつき、腐食はないか。		／
その他 消火器は所定の場所に置いているか。		／
消火器や火災報知器、煙探知器等について、定期的に検査を受けているか。		／
園児にとって危険なもの（医薬品、カッター等）を安全な場所に保管しているか。		／
門、外壁等倒壊の危険はないか。		／

・アミかけの部分は、浸水した場合に想定される水深0.5m
・避難場所や避難経路を色別に記入する

避難場所・避難経路

予想される危険箇所

図5-2 ● 園用ハザードマップの例

第**5**章

安全な園生活および災害の備えと危機管理

表5-2 ●防災備品として備えておくと便利なもの

保育室	園舎内および倉庫	通園バス
・防災頭巾またはヘルメット・園児名簿・携帯電話・ロープ・ガムテープ・マジック・ラジオ・毛布・工具 ・非常持ち出しリュック 　笛、小銭、メモ用紙、筆記具、軍手、タオル、ビニール袋、ティッシュペーパー、水、救急用品、マスク、消毒用アルコール、ウエットティッシュ	・水・非常食・懐中電灯・電池・自転車・消火器・拡声器・無線機・ティッシュペーパー・軍手・発電機・ポリタンク・寝袋・アルミブランケット・ラップ・トイレットペーパー・ラジオ・地域防災マップ・ロープ・ビニール袋・ブルーシート・テント・毛布・工具類・災害用トイレ・携帯電話・ガスコンロ・ガスボンベ・鍋類・紙コップ・紙皿・フォーク・石けん・歯ブラシ・タオル・バスタオル・マスク・ガムテープ・マジック・消毒用アルコール・ウエットティッシュ・綿棒・園児名簿・筆記具・引き渡しカード・担架・笛	・防災頭巾またはヘルメット・園児名簿・メモ用紙・筆記具・小銭・携帯電話・無線機・救急用品・タオル・ロープ・毛布・ティッシュペーパー・軍手・笛・懐中電灯・ラジオ・マスク・消毒用アルコール・ビニール袋・水・ガムテープ・マジック・ウエットティッシュ

参考：全日本私立幼稚園連合会「園児を事故・災害から守る　安全対策のてびき」72〜73頁、2010年をもとに筆者作成

り保管することや、慢性疾患への個別の対応として薬の確認も必要です。

また、倉庫は数か所に分散し、備品を置くようにしましょう（表5-2）。

4）個人情報等の取り扱い

災害の状況に応じて、園で待機できる場合と地域の指定避難場所に移動することが想定されます。どちらにしても、災害時や緊急時の連絡票や引き渡しカードを事前に作成し、保護者と共有します。避難する場合は事前に非常持ち出しリュックにコピーを入れておき、責任者が必ず持ち出します。特に引き渡しカードは、保護者以外の迎えの場合、本当に引き渡しても大丈夫だろうかと疑心暗鬼になりかねません。他県に住んでいる祖父母などが初めて迎えに来ることを想定した対応策の検討が必要です。たとえば、引き渡しカードのコピーを、迎えに来てもらえそうな方に事前に渡しておき、それを必ず持参しなければ引き渡しはできないなどの決まりを考えてもいいでしょう。

5）ハザードマップの活用

ハザードマップ[*1]は、地震、火災、洪水、液状化、土砂災害、津波、火山など地域によって想定される状況が異なるため、自治体によってさまざまです。そこで、園の属する自治体のハザードマップをすべて確認し、園の立地はどのような自然災害が発生した場合に弱いのか、危険度を把握することが必要です。全保育者・保護者と情報の共有を行い、日頃の対策がいざというときに役に立ち、子どもの命を守ることにつながることの共通理解を図ります。

地区ごとに公表されているハザードマップから、園用ハザードマップ（図5-2）を作成し、避難場所や避難経路を記入し、いつでも確認できるようにします。

・・・

＊1　自然災害等による防災対策や被害の軽減を目的として、地形や地盤の特徴をもとに災害での危険箇所や避難場所・避難経路・防災関係施設の位置を地図上に示したものです。

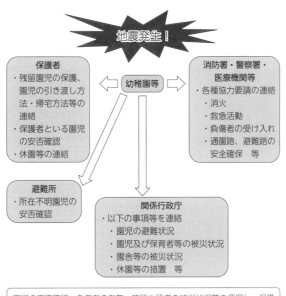

図5-3 ●緊急連絡体制の事例

6）保護者との連絡体制

　災害時は電話による連絡が困難になります。そのため、あらかじめどのような連絡方法を使用するのか、保護者と確認しておくことが必要です。一斉配信メールや災害用伝言ダイヤル「171」、SNS（「Facebook」「LINE」「Twitter」「Skype」等）、携帯用災害伝言板、地域のFM局等、状況に応じて適宜使うことを保護者と共有しておきましょう（図5-3）。

② ヒヤリハット報告

　アメリカのハインリッヒが発表した「ハインリッヒの法則」は、1件の重大事故のかげに29件の軽微な事故、300件のヒヤリハット[*2]が存在することを明らかにしています（図5-4）。ヒヤリハットが多いことは重大事故につながる危険があるため、ヒヤリハット事例を全保育者で共有し、組織的に取り組み、リスクを軽減します。

　ヒヤリハット報告書を簡単に書くことができ、誰でもいつでも見られるような体制をつくることで、

＊2　保育中にヒヤッとした、ハッとして危ないと感じたが、幸いなことにけがや事故にならなかったこと。

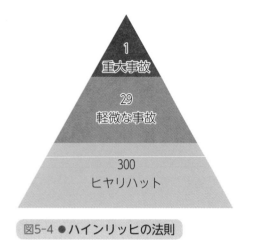

図5-4 ● ハインリッヒの法則

表5-3 ● ヒヤリハット報告書の例

2021年度　　ヒヤリハット　報告		
	月　　　　日	
	記入者名	
発生日時　　　　月　　　日（　　）　　時　　　分		
クラス	歳児クラス	
園児名		
発生場所		
【状況】		
【今後の対応】		

自分の失敗ではなく誰でもヒヤッとすることはある、だから全員で守るという意識づくりも重要です（表5-3）。

リスクマネジメント

　一般的なリスクマネジメントは、危機が発生する前にそのリスクを管理し、被害を未然に防ぐことです。幼稚園等においては、運営を困難にすることを避け、園にかかわるさまざまなリスクを管理することといえるでしょう。各園でリスクの要因を特定し、分析・評価を行い、改善していくことが必要です。
　子どもの命を脅かす「深刻な事故」を防ぐことは、「子どもを守りすぎる」ことではありません。さまざまな体験の中で見通しをもって行動できるように、日々の保育で取り組むことが必要です。

1）SHELL モデル

　SHELL モデルとは、なぜ事故が起こってしまったのかを分析し、再発防止につなげるための要因分析法です。さまざまな訓練や点検を組み合わせることで、地域の特性や園の実情に合った災害対策を立てることにつながります。

Software（ソフト面の要因）：マニュアル、保育者への研修、シフト体制・保育者の人員配置等
Hardware（ハード面の要因）：施設の広さ・設備、各種定期検査、メンテナンス等
Environment（環境面の要因）：保育の状況、ストレス、温度や湿度、雰囲気等
Liveware（当事者の要因）：保育者、事故に対する予見、マニュアルに沿った保育等
Liveware（当事者以外の要因）：当事者への協力体制、子ども・保育者の健康・精神状態等

2）PDCA サイクル

　事故を継続的に防ぐため、Plan（計画）・Do（実行）・Check（評価）・Action（改善）を繰り返し行い、持続可能な対策を立てることにつなげます（図5-5）。

【事例】

　自然の中でたくさん遊ぶため、事前にどのようなリスクがあるかを想定して、保育者の立つ位置（担当場所）を決め、大事故につながらないよう保育者間でそのつど確認しながら保育を行っています。その中でヒヤッとしたことや想定外の遊びに広がったことを伝え合いながら、振り返りを行います。

　子どもたちは全身をつかって自由に遊んでいるため、すり傷や切り傷は日常茶飯事ですが、保護者には、自然の中で自分自身で考え、仲間と協力して遊ぶことで「生きる力」を身につけていることを伝え、理解してもらっています。

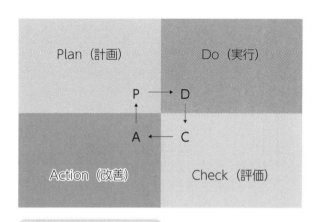

図5-5 ● PDCA サイクル

写真5-1 ● 自然遊びの様子

④ 災害・危機管理マニュアル

　危機管理マニュアルは、さまざまな災害を想定して具体的に実行するための必要事項や手順等を示したものです（表5-4）。幼稚園等では、危険な状況が発生した場合、全保育者が的確な対応を図るために作成するものです。作成後は、訓練等の結果を踏まえた検証・見直しを実施することが必要です。

　同時に、保護者や地域、関係機関との連携を行い、地域全体で安全確保のための体制づくりを行うことが重要です。それぞれの実情に応じて、課題や対策を検討しつつ、全国各地での事故や災害等を踏まえた検証と改善を続けていくことが重要です。　■

表5-4 ●危機管理マニュアル作成のポイント

- ・各学校の実情に応じて想定される危険を明確にし、危険等発生時にどう対処し、いかに児童生徒等の生命や身体を守るかについて検討する。
- ・事前・発生時・事後の3段階の危機管理を想定して危機管理マニュアルを作成し、安全管理と安全教育の両面から取り組みを行う。
- ・すべての教職員の役割分担を明確にし、共通理解を図る。
- ・家庭・地域・関係機関と連携して児童生徒等の安全を確保する体制を整備するとともに、協働して危機管理マニュアルの作成や避難訓練等を行う。
- ・教育委員会等の学校の設置者は、各学校におけるマニュアルの作成・改善等について必要な指導助言を行い、体制整備や事故等発生時に必要に応じて学校をサポートする。
- ・事後の危機管理においては、事故等の検証や児童生徒等・保護者への適切な対応等を実施するために、「学校事故対応に関する指針」を参考に危機管理マニュアルの見直し・改善を図る。

出典：文部科学省「学校の危機管理マニュアル作成の手引」3頁、2018年

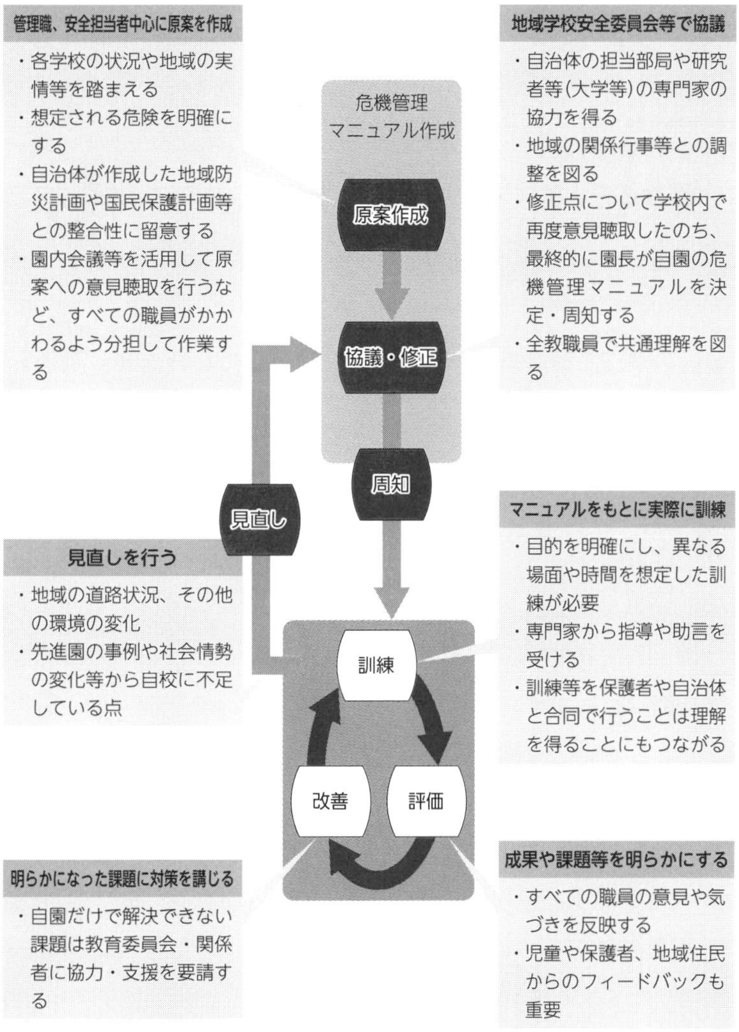

管理職、安全担当者中心に原案を作成

・各学校の状況や地域の実情等を踏まえる
・想定される危険を明確にする
・自治体が作成した地域防災計画や国民保護計画等との整合性に留意する
・園内会議等を活用して原案への意見聴取を行うなど、すべての職員がかかわるよう分担して作業する

地域学校安全委員会等で協議

・自治体の担当部局や研究者等（大学等）の専門家の協力を得る
・地域の関係行事等との調整を図る
・修正点について学校内で再度意見聴取したのち、最終的に園長が自園の危機管理マニュアルを決定・周知する
・全教職員で共通理解を図る

危機管理マニュアル作成

原案作成

協議・修正

周知

見直し

見直しを行う

・地域の道路状況、その他の環境の変化
・先進園の事例や社会情勢の変化等から自校に不足している点

マニュアルをもとに実際に訓練

・目的を明確にし、異なる場面や時間を想定した訓練が必要
・専門家から指導や助言を受ける
・訓練等を保護者や自治体と合同で行うことは理解を得ることにもつながる

訓練

改善　評価

明らかになった課題に対策を講じる

・自園だけで解決できない課題は教育委員会・関係者に協力・支援を要請する

成果や課題等を明らかにする

・すべての職員の意見や気づきを反映する
・児童や保護者、地域住民からのフィードバックも重要

出典：文部科学省「学校の危機管理マニュアル作成の手引」2頁、2018年を一部改変

図5-6 ● 危機管理マニュアルの作成・見直しの手順

第**5**章

安全な園生活および災害の備えと危機管理

ワーク

● 災害・危機管理マニュアルは誰のためにあるものでしょうか。子ども、保育者、保護者それぞれの立場に立って考えて、グループで話し合いましょう。

　災害への対応は、事前の準備と繰り返しの訓練の中で習得していきます。訓練を実施した場合は、反省点などの評価を行い、改善点を明らかにして変更します。

1 避難訓練

　危険が発生した場合は、危機管理マニュアルに基づいた保育者の役割等の確認を行い、子どもが安全に避難できるよう、実践的な行動がとれるようにします。主に、地震や火災、防犯などを想定した避難訓練を行います。設定として保育室や園庭、園外保育、プール、通園バスによる移動中など、さまざまな状況下の訓練を行うことが大切です[*3]。

　また、訓練のお約束として、幼稚園や認定こども園で地震や火災の避難訓練のときに使う防災用語として「おかしも」「おかしもち」「おかしもちぽ」「おかしもちな」や、防犯訓練のお約束として「いかのおすし」などを子どもたちに伝えています（表5-5）。これは、安全に避難するための心構えを子ども自身がもつことをねらいとしています。

表5-5 ● 避難・防犯訓練に使う標語例

避難訓練のお約束	防犯訓練のお約束
「おかしも」	「いかのおすし」
『お』押さない	『いか』行かない
『か』駆けない	『の』 乗らない
『し』しゃべらない	『お』 大声を出す
『も』戻らない	『す』 すぐ逃げる
「ち」「ぽ」「な」をプラスして	『し』 知らせる
『ち』近づかない	
『ぽ』ポケットに手を入れない	
『な』泣かない	

* 3　避難訓練・防犯訓練は第
　　4 章を参照。

1）避難訓練の振り返り

　避難訓練の目的には、問題点を把握することが含まれます。そのためには、単に実施して終わるのではなく、訓練の振り返りも行わなければなりません。子どもたちの状況や周囲の環境が日々変化するなかでは、問題があることが前提で、問題が見つからない訓練では、訓練の意味が半減してしまいます。

振り返りにおける確認ポイント

・子どもたちにきちんと伝わっているか。

・具体的内容や手順、保育者の役割分担は適切か。

・保護者との連携は適切か。

・地域との連携は適切か。

　把握した問題を回避するために、園にかかわる全保育者で改善策を考えて、より安全な保育を行いましょう。

② 水害対策

　最近の自然災害では、急な豪雨による被害もあり、早急の対策が必要です。幼稚園等の立地条件はさまざまなため、市区町村の水害ハザードマップを確認し、子どもたちの命を守る自衛対策を検討することが必要です。集中豪雨や河川の氾濫など、天気予報や自治体の発信する情報をこまめにチェックし、浸水や断水、停電などに備えます。

　すぐに保護者に引き渡しをせず、園内にとどまったほうがよい場合もあります。屋外の状況を見て、臨機応変に対応できるように、保育者間で日頃から話し合いましょう。

1）台風の予報が出たら

　台風の進路等により竜巻注意情報、雷注意報、大雨・洪水警報、暴風警報、土砂災害警報が発表されることが予想される場合等、園の置かれている諸条件を考慮して、各園の判断で発令前でも速やかに帰宅させることや避難場所への避難を検討します。

　台風の予想進路等、状況によっては翌日の臨時休園等の措置も検討し、早めに保護者に連絡をします。

第5章 安全な園生活および災害の備えと危機管理

● 災害に強い園とはどういう園を指すのか、その条件を考えて、そのためにはどのような準備が
　必要か、グループで話し合いましょう。

column

天候の急変に注意！

　夏のお泊り保育での出来事。川原で子どもたちと遊んでいると、急な豪雨に見舞われました。すぐに水場から離れた場所に移動し、荷物置き場にしていたブルーシートをクラスごとに数名の保育者が広げ、園児をその下に誘導しました。豪雨のため、シートをたたく物すごい雨音に恐怖を感じた15分間を体験しました。その後、少し雨が弱まったところで、400m 先の宿泊施設まで三つのブルーシートの屋根で25人の園児を覆って道路をゆっくり移動しました。宿泊施設に到着し、着替えをすませた園児たちは、やっと安堵の表情となりました。

　天気予報では雨の予報もなく、いい天気で楽しく川遊びを楽しんでいましたが、山間部の天気は急変するということを思い知らされました。事前に「天気が急変したら、ブルーシートの下へ」と伝えていたため、子どもたちはじっとブルーシートの下で雨音に耐え、泣いたりすることもありませんでしたが、雨の恐怖を感じていたことでしょう。無事に避難し、安全に戻ることができ、ほっとするなかで、保育者も天候の急激な変動の恐ろしさを再認識しました。自然のなかでの遊びは絶対に安全ということはありません。安全対策を考えて保育を行っても、何があるかわかりません。川遊びを楽しむためにも、ライフジャケットの着用など、さらなる危機管理の必要性を痛感しました。

事例・
写真提供　　▶秋川文化幼稚園（東京都）

第 **6** 章

個別的な配慮を
必要とする子どもの
園生活と保育者の役割

第 1 節　個別的な配慮を必要とする子どもの園生活での配慮

節のねらい
●個別的な配慮を必要とする子どもが抱えている病気と障害について理解する
●慢性疾患児、障害児に必要な配慮について理解する

1 個別的な配慮を必要とする子どもとは

　個別的な配慮を必要とする子どもには、健康上の配慮が必要な子どものほかに、母国語や文化的背景が異なる子どもや家族の問題を抱えている子どももいますが、ここでは健康上で配慮が必要な子どもについて説明します。集団生活においては、出産予定日より早く生まれた早産児や、障害があったり、慢性疾患を抱えている子どもは、標準的な発育・発達とは異なり、健康上の配慮が必要であることがしばしばあります。一人ひとりの背景がさまざまであるだけに、個別的な対応が必要になります。

　就学前は集団生活の経験がなかった子どもたちが、集団生活で同年齢の子どもたちと生活することにより、発達が家庭だけで生活しているよりも進むということもありますが、感染症にかかりやすかったりなど、個別の健康上の特性を理解していないと、新たな合併症を起こしてしまうこともあります。それだけに、集団生活を始める前に、保護者と個別の面談を行い、嘱託医の協力を得ながら、健康上での必要な配慮や他児とのかかわりについて丁寧に聞き取っておくことが大切です。

2 健康上で個別的な配慮を必要とする子どもの特性

　早産で生まれた子どもの場合は、母子健康手帳を見ると、どれくらい早産か、どれくらいの体重で生まれたか、その後の健診の結果から発育の状況がわかります。慢性疾患や障害を抱えている場合は、必要に応じ、保護者を通じて、主治医に集団生活上の配慮についての診断書を提出してもらいます。入園前にどの程度の配慮が必要か、園での実情に合わせた判断を嘱託医にしてもらい、場合によっては、嘱託医より主治医に連絡をとってもらいます。アレルギーがある場合、心疾患や腎疾患などで運動制限があるときには、主治医に小学校で用いている「学校生活管理指導表」（表6-1）を未就学児用にも準用して作成してもらって、1・2年生の部分を参考にして運動の強度を決めます。アレルギー疾患の場合

表6-1 ●学校生活管理指導表（小学生用）

氏名（所見名）　　　　　　男・女　　平成　　年　　月　　日生（　）才　　　　　　小学校　　　　　　　　年　　　組

令和　　年　　月　　日
医療機関
医師　　　　　　印

①診断名（所見名）	②指導区分 要管理：A・B・C・D・E 管理不要	③運動クラブ活動 可（ただし　　）クラブ（　　）禁 または異常があるとき	④次回受診 （　　）年（　　）カ月後 または異常があるとき

【指導区分：A・・・在宅医療・入院が必要　B・・・登校はできるが運動は不可　C・・・軽い運動は可　D・・・中等度の運動まで可　E・・・強い運動も可】

		運動強度	軽い運動（C・D・Eは"可"）	中等度の運動（D・Eは"可"）	強い運動（Eのみ"可"）
体育活動	*体つくり運動	体ほぐしの運動 多様な動きをつくる運動遊び 1・2年生	体のバランスをとる運動遊び（寝転ぶ、起きる、座る、立つなどの動きで構成される運動遊びなど）	用具を操作する運動遊び（用具を持つ、降ろす、回す、転がす、くぐるなどの動きで構成される遊び）	体を移動する運動遊び（這う、走る、跳ぶ、はねるなどの動きで構成される遊び）
		体ほぐしの運動 多様な動きをつくる運動 3・4年生	体のバランスをとる運動（寝転ぶ、起きる、座る、立つ、ケンケンなどの動きで構成される遊びなど）	用具を操作する運動（用具をつかむ、持つ、回す、降ろす、なわなどの動きで構成される運動）	力試しの運動（人を押す、引く動きや力比べをする動きで構成される）基本的な動きを組み合わせる運動
		体ほぐしの運動 体力を高める運動 5・6年生	体の柔らかさを高める運動（ストレッチングを含む）、軽いウォーキング	巧みな動きを高めるための運動（リズムに合わせての運動、ボール・輪・棒を使った運動）	時間やコースを決めて行う全身運動（短なわ、長なわ跳び、持久走）
	運動領域等	陸上運動系			
		走・跳の運動遊び 1・2年生	いろいろな歩き方、ゴム跳び遊び	ケンパー跳び遊び	全力でのかけっこ、折り返しリレー遊び、低い障害物を用いてのリレー遊び
		走・跳の運動 3・4年生	ウォーキング、軽い立ち幅跳び	ゆっくりとしたジョギング、軽いジャンプ動作（幅跳び・高跳び）	全力でのかけっこ、周回リレー、小型ハードル走
		陸上運動 5・6年生	ウォーキング	全力でない短距離走、幅跳び	全力での短距離走、助走をした走り幅跳び、助走をした走り高跳び
		ボール運動系			
		ゲーム、ボールゲーム・鬼遊び（低学年） 1・2年生	その場でボールを投げたり、ついたり、捕ったりしながら行う的当てや蹴り合い	ボールを蹴ったり止めたりして行う的当て遊びや蹴り合いの簡単な鬼遊び	ゲーム（試合）形式
		ゴール型・ネット型・ベースボール型ゲーム（中学年） 3・4年生	基本的な操作（パス、キャッチ、キック、ドリブル、シュート、バッティングなど）	簡易ゲーム（場の工夫、用具の工夫を加え、基本的操作を主とするゲーム）	
		ボール運動 5・6年生	ジャンプ・ボールを使った運動遊び	雲梯、ろくぼくを使った運動遊び	マット、跳び箱遊び
		器械運動系			
		器械・器具を使っての運動遊び 1・2年生	基本的な動作（前転、後転、壁倒立、ブリッジなどの部分的な動作）	基本的な技（マット、鉄棒、跳び箱を使った技）	連続技や組合せの技
		器械運動 マット、跳び箱、鉄棒 3・4年生		マット（前転、後転、開脚前転・後転、壁倒立、補助倒立など）、跳び箱（開脚跳びなどでの開脚跳び、抱え込み跳び、台上前転など）、鉄棒（補助逆上がり、転向前下り、前方支持回転、後方支持回転など）	
		5・6年生			
		水泳系			
		水遊び 1・2年生	水に慣れる遊び（水かけっこ、水につかっての電車ごっこなど）	浮く・もぐる遊び（伏し浮き、背浮き、くらげ浮きなど）	水につかっての電車ごっこ、水中でのジャンケン・にらめっこ
		浮く・泳ぐ運動 3・4年生	浮く運動（伏し浮き、背浮き、くらげ浮きなど）	浮く動作（け伸びなど）	クロール、平泳ぎ
		水泳 5・6年生		泳ぐ動作（連続したボビングなど）	補助具を使ったクロール、平泳ぎ
		表現運動系			
		表現リズム遊び 1・2年生	まねっこ遊び（鳥、昆虫、動物など）	まねっこ遊び（飛行機、遊園地の乗り物など）	リズム遊び（弾む、回る、ねじる、スキップなど）
		表現運動 3・4年生	その場での簡単な表現	軽いリズムダンス、フォークダンス、日本の民踊の簡単なステップ	変化のある動きをつなげた表現（ロック、サンバなど）、強い動きのある日本の民踊
		5・6年生			
		雪遊び、氷上遊び、スキー、スケート、水辺活動	雪遊び、氷上遊び	スキー・スケートの歩行、水辺活動	スキー・スケートの滑走など
	文化的活動		体力の必要な長時間の活動を除くほとんどの文化活動	右の強い活動を除く文化活動	体力を相当使って吹く楽器（トランペット、トロンボーン、オーボエ、バスーン、ホルンなど）、リズムのかなり速い曲の演奏や指揮、行進を伴うマーチングバンドなど
	学校行事、その他の活動		▶運動会、体育祭、球技大会、スポーツテストなどは上記の運動強度に準ずる。 ▶指導区分、"E"以外の児童の遠足、修学旅行、林間学校、臨海学校などの参加について不明な場合は学校医・主治医と相談する。 ▶陸上運動系・水泳系の距離（学習指導要領参照）については、学校医・主治医と相談する。		

その他注意すること

定義　《軽い運動》同年齢の平均的児童にとって、ほとんど息がはずまない程度の運動。
　　　《中等度の運動》同年齢の平均的児童にとって、少し息がはずむが息苦しくない程度の運動。パートナーがいれば楽に会話ができる程度の運動。
　　　《強い運動》同年齢の平均的児童にとって、息がはずみ息苦しさを感じるほどの運動。

*体つくり運動：レジスタンス運動（等尺運動）を含む。

出典：公益財団法人日本学校保健会

は、「保育所におけるアレルギー疾患生活管理指導表」（表6-2）を提出してもらうとよいです。

　その他、個々に配慮が必要なときには、主治医に診断書か情報提供書を依頼します。服薬しているときには、薬の名称や投薬方法も確認しておきます。複数の医療機関にかかっているときには、それぞれの情報が得られるといいです。また、発達障害などでは、他児とのコミュニケーションを支援し、個別の発達支援のために支援員を補助でつけるため、診断書の提出が必要となることもあります。保護者との個別面談を丁寧に行い、発育、発達についての悩みも共有し、利用している福祉制度についての情報も共有しておきます。

　次に、疾患ごとに必要な配慮について解説します。

1) アレルギー疾患

　年々増加しており、その対応にもさまざまな配慮が必要になってきています。アレルギー疾患の発症は、遺伝的体質や環境により影響を受け、年齢、季節、体調により症状が変化したり、いろいろなタイプのアレルギー疾患を繰り返したりします。食物アレルギーは、年齢が上がるにつれ改善していくことも多いですが、給食の場合は除去食が必要か確認が必要になります。除去食や弁当を持参してもらう場合、近くの子どもの食べ物を間違って口にしないように注意します。食べ物だけでなく、乳アレルギーのときの牛乳パックを使った製作、小麦アレルギーのときの小麦粘土の使用などにも注意が必要となります。アナフィラキシーなどの重篤な症状を起こしたことがある子どものときには、緊急時の対応を全職員で確認しておく必要があります。また、気管支喘息では、発作が起こりやすいきっかけが一人ひとり異なっていることもあります。動物の飼育や部屋の掃除、煙を吸い込んだり、運動したときに発作が起こることもあります。アトピー性皮膚炎の場合は、皮膚を掻くことで、皮膚感染症の原因になることもありますので、皮膚を清潔にして保湿剤などの塗り薬を適切に使用することが大切です。花粉症は、アレルギー性結膜炎やアレルギー性鼻炎とも診断され、最近幼児でも増加中です。

2) 低出生体重児

　通常、妊娠40週が予定日となりますが、妊娠37週未満で出生したときは早産といいます。出生体重が2500g未満の場合は、低出生体重児といいます。予定日より早く生まれるほど、出生体重が小さいほど、新生児の病気にかかりやすく、その後の発育・発達に影響を与えます。そこで、妊娠28週未満で生まれた新生児を超早産児、出生体重1500g未満の新生児を極低出生体重児、出生体重1000g未満の新生児を超低出生体重児と呼び、超早産児や超低出生体重児では、合併症を起こすかどうかでも異なりますが、より丁寧な発達支援が必要になります。

　早産や低出生体重児となる原因として、母親の妊娠高血圧症候群（妊娠中毒）、子宮内感染症、多胎

表6-2 ● 保育所におけるアレルギー疾患生活管理指導表

<参考様式>　※「保育所におけるアレルギー疾患生活管理指導表」（2019年改訂版）

保育所におけるアレルギー疾患生活管理指導表（食物アレルギー・アナフィラキシー・気管支ぜん息）　提出日　　　　年　　月　　日

名前　　　　　　　男・女　　　年　　月　　日生（　　　歳　　　ヶ月）　　　組

この生活管理指導表は保育所の生活において特別な配慮や管理が必要となった場合に限って医師が作成するものです。

食物アレルギー（あり・なし）／アナフィラキシー（あり・なし）

病型・治療

A. 食物アレルギー病型
1. 食物アレルギーの関与する乳児アトピー性皮膚炎
2. 即時型
3. その他（新生児・乳児消化管アレルギー・口腔アレルギー症候群・食物依存性運動誘発アナフィラキシー・その他（　））

B. アナフィラキシー病型
1. 食物（原因：　）
2. その他（医薬品・食物依存性運動誘発アナフィラキシー・ラテックスアレルギー・昆虫・動物のフケや毛）

C. 原因食品・除去根拠　該当する食品の番号に○をし、かつ（　）内に除去根拠を記載
1. 鶏卵　（　）
2. 牛乳・乳製品　（　）
3. 小麦　（　）
4. ソバ　（　）
5. ピーナッツ　（　）
6. 大豆　（　）
7. ゴマ　（　）
8. ナッツ類*　（　）　（すべて・クルミ・カシューナッツ・アーモンド・　）
9. 甲殻類*　（　）　（すべて・エビ・カニ・　）
10. 軟体類・貝類*　（　）　（すべて・イカ・タコ・ホタテ・アサリ・　）
11. 魚卵*　（　）　（すべて・イクラ・タラコ・　）
12. 魚類*　（　）　（すべて・サバ・サケ・　）
13. 肉類*　（　）　（鶏肉・牛肉・豚肉・　）
14. 果物類*　（　）　（キウイ・バナナ・　）
15. その他　（　）

[*は（　）の中の該当する項目に○をするか具体的に記載すること]

[除去根拠]　該当するもの全てを（　）内に番号を記載
①明らかな症状の既往
②食物負荷試験陽性
③IgE抗体等検査結果陽性
④未摂取

D. 緊急時に備えた処方薬
1. 内服薬（抗ヒスタミン薬、ステロイド薬）
2. アドレナリン自己注射薬「エピペン®」
3. その他（　）

保育所での生活上の留意点

A. 給食・離乳食
1. 管理不要
2. 管理必要（管理内容については、病型・治療のC. 欄及び下記C. E欄参照）

B. アレルギー用調製粉乳
1. 不要
2. 必要　下記該当ミルクに○、又は（　）内に記入
　ミルフィー HP・ニュー MA-1・MA-mi・ペプディエット・エレメンタルフォーミュラ・その他（　）

C. 除去食品においてより厳しい除去が必要なもの
病型・治療のC. 欄で除去の際に、より厳しい除去が必要となるもののみに○をつける
※本欄に○がついた場合、該当する食品を使用した料理については、給食対応が困難となる場合があります
1. 鶏卵：　卵殻カルシウム
2. 牛乳・乳製品：　乳糖
3. 小麦：　醤油・酢・麦茶
6. 大豆：　大豆油・醤油・味噌
7. ゴマ：　ゴマ油
12. 魚類：　かつおだし・いりこだし
13. 肉類：　エキス

D. 食物・食材を扱う活動
1. 管理不要
2. 原因食材を教材とする活動の制限（　）
3. 調理活動時の制限（　）
4. その他（　）

E. 特記事項
（その他に特別な配慮や管理が必要な事項がある場合には、医師が保護者と相談のうえ記載。対応内容は保育所が保護者と相談のうえ決定）

記載日　　　　年　　月　　日
医師名
医療機関名
電話

気管支ぜん息（あり・なし）

病型・治療

A. 症状のコントロール状態
1. 良好
2. 比較的良好
3. 不良

B. 長期管理薬（短期追加治療薬を含む）
1. ステロイド吸入薬
　剤形：
　投与量（日）：
2. ロイコトリエン受容体拮抗薬
3. DSCG吸入薬
4. ベータ刺激薬（内服・貼付薬）
5. その他（　）

C. 急性増悪（発作）治療薬
1. ベータ刺激薬吸入
2. ベータ刺激薬内服
3. その他（　）

D. 急性増悪（発作）時の対応（自由記載）

保育所での生活上の留意点

A. 寝具に関して
1. 管理不要
2. 防ダニシーツ等の使用
3. その他の管理が必要（　）

B. 動物との接触
1. 管理不要
2. 動物への反応が強いため不可（動物名：　）
3. 飼育活動等の制限（　）

C. 外遊び、運動に対する配慮
1. 管理不要
2. 管理必要（管理内容：　）

D. 特記事項
（その他に特別な配慮や管理が必要な事項がある場合には、医師が保護者と相談のうえ記載。対応内容は保育所が保護者と相談のうえ決定）

記載日　　　　年　　月　　日
医師名
医療機関名
電話

●保育所における日常の取り組み及び緊急時の対応に活用するため、本表に記載された内容を保育所の職員及び消防機関・医療機関等と共有することに同意しますか。
・同意する
・同意しない

保護者氏名

【緊急連絡先】
★保護者
電話：
★連絡医療機関
医療機関名：
電話：

出典：厚生労働省「保育所におけるアレルギー疾患対応ガイドライン（2019年改訂版）」75頁、2019年

妊娠、胎児の先天性疾患などがありますが、成長を注意深く見守る必要があるだけではなく、母親が自分の責任と感じることがありますので、保護者への配慮も大切です。

　早産児の場合、発育・発達は出産予定日より起算して修正して評価しますが、早く生まれれば生まれるほど、通常の発育・発達に追いつくまで時間がかかることが多いです。

3）心疾患

　日常生活に問題なく経過観察のみの場合と、心不全があったり、チアノーゼ型心疾患で日常生活に制限がある場合を区別します。学校生活管理指導表で、運動制限の必要があるか主治医と情報を共有化します。日常生活に制限がある場合は、運動量、寒さ・暑さへの対応、服薬があるか、体調が悪くなるときの症状を確認します。感染症の合併で心機能に影響することもあるので、流行時の情報は、早めに伝達します。体内に細菌が入ったときに、治癒するまで長期化することがあるので、けがの処置や歯の生え変わり時期には、情報の共有化を図るようにします。手術を行う場合は、その前後の感染症には特に注意が必要です。手術を行って、心疾患の病態が改善されれば、日常生活の制限がなくなる場合もあります。

4）腎疾患

　心疾患と同様に、経過観察のみの場合と運動制限や食事制限がある場合があります。運動制限や食事制限がある場合は、学校生活管理指導表で、主治医と情報を共有化します。

5）てんかん

　突然けいれんを起こす疾患で、脳波異常があるものです。その場合、けいれん発作がどのようなときに起こり、そのときの症状や対応についても情報を共有します。抗けいれん剤を服用して、発作が抑えられているときには、なるべくほかの子どもと同じ生活を行うようにします。

　発熱時に発作が起きる可能性がある場合は、熱性けいれんを起こしたときと同様の対応になります。けいれん発作時には、平らなところに横にして、嘔吐に気をつけながら回復体位[*1]にします。生まれて初めてのけいれんや5分以上けいれんが続くときには救急車を呼び、医療機関に急いで連れて行きます。

6）血液・免疫疾患

　さまざまな疾患がありますが、出血傾向があるか、感染しやすい傾向があるときには、どのような注意が必要か面談して確認します。幼児の場合、鼻血を出したり、乳歯が生え変わったり、けがをしたり

・・

＊1　体を横にして、下になる手を伸ばし、上になる手を曲げてその手の甲にあごを乗せ、あごを上げる気道確保の姿勢にします。横向きは、なるべく左側がいいです。

回復体位

体の横を上向きにして寝かせる

足を組ませ、上側の足を前に出す

あごを上げさせて手で支える

と出血する機会が多いのですが、保護者と連携しながら主治医に集団生活についての注意点を確認します。免疫疾患のときは、感染性が高い感染症が発生したときには、個別に保護者に連絡して、集団生活を継続するか確認します。

7）糖尿病

糖尿病は、インスリンの分泌不足や作用不十分のため高血糖が続く病気です。大人では生活習慣が原因である2型糖尿病が多いですが、子どもの場合は、生活習慣は関係なく突然インスリンが分泌しなくなる1型糖尿病であることが多いです。毎日インスリンを自己注射しなければならず、最近は腹部に持続的にインスリンを注入していることが多く、その場合は、低血糖のときの症状と対応方法についても情報共有します。低血糖のときには、飴やビスケットなどやグルコース錠で糖分を補充しなければならず、ほかの子どもたちの理解も大切です。

8）内分泌疾患

ホルモン補充が必要な疾患が多いので、補充し忘れたときや補充が足りなくなったときの症状を確認しておきます。甲状腺機能低下症では、便秘や低体温になりやすいなどの症状があり、脳下垂体の抗利尿ホルモンが足りなくなると多尿になる、副腎ホルモンが不足している場合は発熱時にぐったりしやすくなるなど、疾患によって特有の症状があります。

9）小児がん

子どもの死因として先天異常や事故と並んで上位の疾患です。子どもの場合は、生活習慣が原因ではなく、治療の反応性もよいので、医療の進歩により完全に治ることも増えてきましたが、副作用のある治療を長期にわたって行わなければならないので、保護者を含めた家族に対する精神的な支援も大切です。

10）発達障害

コミュニケーションや社会性の発達に支援が必要な子どもが多いですが、自閉スペクトラム症で食べるものにこだわりがあったり、感覚過敏があって新しい食物をなかなか受け入れられない場合は、離乳食がなかなか進まなかったり、栄養に偏りが出てきてしまうことがあります。また、ちょっとした物音や周りの雰囲気で睡眠が保てず、生活リズムが保てなくなることもあります。なるべく、特定の保育者がかかわって、本人の特性に合わせた保育を行うことが大切です。

第6章 個別的な配慮を必要とする子どもの園生活と保育者の役割

11）運動障害（肢体不自由）

　神経疾患、筋疾患、関節疾患によって、四肢や体幹の運動障害があります。障害の程度によって、栄養が十分とれなかったりして発育が異なってきます。原因となる疾患によっても発達が異なってきます。知的障害など、ほかの障害を合併するかどうかでも異なります。進行性の神経疾患や筋疾患では発達が退行して、できていたことができなくなることもあります。運動障害が固定している場合も、最初はっきりしなかった障害が、成長とともに明らかになることが多く、療育や発達によって体の動き方は変化してきます。運動障害の程度が左右不対称の場合は、発育とともに側弯症になることもあり、正しい姿勢を保つような補助具の使用が必要です。

　運動障害児の場合、障害のある部分のリハビリテーションだけでなく、障害が少ない部分の発達や成長も考え、将来の生活を見据えた発達支援が大切です。たとえば、足が不自由で、手の動きがないと体が支えられない場合、手の微細な運動を育てるために足の補助具や車椅子を使うことで、手を自由に動かすことができるようになります。また、子どもたち同士で同じ目線で交流することができることも、社会性の発達を促します。飲み込みが不自由な場合も、食材を工夫して固形物を食べ続けることで、口の周りの筋肉の発達が促され、声の出し方にもよい影響を与えます。

12）知的障害

　原因不明のことも多いですが、出産時の障害や染色体異常による場合も多いです。21番目の染色体に異常があるダウン症の場合、筋肉の発育が十分でなく、離乳食も一人ひとりの食べ方に合わせて時間をかけて進める必要があります。また、年長児になっても運動量が少なくなりがちです。　　　　　　　■

● 個別的な配慮を必要とする子どもの例で経験したことを、情報交換してみましょう。

個別的な配慮を必要とする子どもの指導計画とリーダーの役割

1 個別的な配慮を必要とする子どもの指導計画

　個別的な配慮を必要とする子どもの指導計画は、一人ひとりの背景を理解して作成する必要があります。そのためには、養護教諭や看護師がいれば参加してもらい、いない場合も担任だけでなく、主任や支援員も一緒に参加して作成します。嘱託医の意見も参考にするとよいでしょう。

　発育がゆっくりな子どもの活動範囲を決めるときには、成長曲線の身長に見合った年齢相当の活動にします。また、コミュニケーションや言葉の発達に遅れがある場合は、臨床心理士、保育カウンセラー等の助言も参考にするとよいでしょう。年長児の場合は、小学校に行くことを見据えた指導も必要になります。通常学校か特別支援学校、あるいは支援学級に行く場合にも、幼小接続・連携がスムーズにいくような計画を立てる必要があります。

2 個別的な配慮を必要とする子どもの対応でリーダーが行うこと

1）緊急時の対応

❶ アナフィラキシー

　以前にアナフィラキシーを起こしたことがある子どもの対応では、アレルギー疾患生活管理指導表を参考に、保育者全員で緊急時の対応の研修を行っておく必要があります。特に、緊急時の自己注射薬であるエピペン®を預かるときには、その保管場所、使い方を毎年研修を行って確かめます（表6-3）。また、発生時の緊急連絡先や子どもに対応する者、救急車を呼ぶ者、薬剤・救急用具を持ってくる者、他の子どもに対応する者など役割分担の確認をし、経過を記録することが必要です。

表6-3 ● 緊急時個別対応表 (票)

_____年___月___日 作成

組	名　前	原因食品
組		

緊急時使用預かり

管理状況	エピペン®	有　・　無	
		保管場所 (　　　　　　　　　　)	有効期限 (　　年　　月　　日)
	内服薬	有　・　無	
		保管場所 (　　　　　　　　　)	

緊急時対応の原則

> **以下の症状が一つでもあればエピペン® を使用し、救急車を要請**
>
> **全身の症状**
> □ぐったり
> □意識もうろう
> □尿や便を漏らす
> □脈が触れにくいまたは不規則
> □唇や爪が青白い
>
> **呼吸器の症状**
> □のどや胸がしめ付けられる
> □声がかすれる
> □犬が吠えるような咳
> □息がしにくい
> □持続する強い咳き込み
> □ゼーゼーする呼吸
>
> **消化器の症状**
> □持続する強い（がまんできない）
> 　お腹の痛み
> □繰り返し吐き続ける

緊急時の連絡先

医療機関・消防機関	
救急（緊急）	**119**
搬送医療機関	名称
	電話　　　（　　　　）
搬送医療機関	名称
	電話　　　（　　　　）

保護者連絡先		
名前・名称	続柄	連絡先

> **医療機関、消防機関への伝達内容**
> 1．年齢、性別ほか患者の基本情報
> 2．食物アレルギーによるアナフィラキシー症状が現れていること
> 3．どんな症状がいつから現れて、これまでに行った処置、また
> 　その時間
> ※特に状態が悪い場合は、意識状態、顔色、心拍、呼吸数を伝え
> 　られると良い
> ※その際、可能であれば本対応票を救急隊と共有することも有効

> **保護者への伝達・確認内容**
> 1．食物アレルギー症状が現れたこと
> 2．症状や状況に応じて、医療機関への連絡や、救急搬送すること
> 3．（症状により）エピペン使用を判断したこと
> 4．保護者が園や病院に来られるかの確認
> 5．（救急搬送等の場合）搬送先を伝え、搬送先に保護者が来ら
> 　れるか確認

出典：厚生労働省「保育所におけるアレルギー対応ガイドライン（2019年改訂版）」77頁、2019年

表6-4 ● 糖尿病患児の治療・緊急連絡法等の連絡表

学校名　　　　　　　　　　　　　　年　　　組	記載日　令和　　　年　　　月　　　日
	医療機関
氏名　　　　　　　　　　　　　　男・女	医師名　　　　　　　　　　　　　　　印
生年月日　平成・令和　　年　　月　　日	電話番号

要管理者の現在の治療内容・緊急連絡法

診断名　　　①1型（インスリン依存型）糖尿病　　②2型（インスリン非依存型）糖尿病

現在の治療　1．インスリン注射：　1日　　　回　　　　　　　　　　　昼食前の学校での注射（有・無）
　　　　　　　　学校での自己血糖値測定　　（有・無）
　　　　　　2．経口血糖降下薬：　薬品名（　　　　　　　　　　　　　）学校での服用　　　（有・無）
　　　　　　3．食事・運動療法のみ
　　　　　　4．受診回数　　　回／月

緊急連絡先　　保護者　氏名　　　　　　　　　　　　　　自宅TEL
　　　　　　　　　　　勤務先（会社名　　　　　　　　　　TEL　　　　　　　　　　　　　　　）
　　　　　　　　主治医　氏名　　　　　　　　　　施設名　　　　　　　　　　　TEL

学校生活一般：基本的には健常児と同じ学校生活が可能である

1．食事に関する注意
　　学校給食　　　　①制限なし　②お代わりなし　③その他（　　　　　　　　　　　　　　　　）
　　宿泊学習の食事　①制限なし　②お代わりなし　③その他（　　　　　　　　　　　　　　　　）
　　補食　　　　　　①定時に（　　　時　食品名　　　　　　　　　　　　　　　　　　　　　　）
　　　　　　　　　　②必要なときのみ　（どういうとき　　　　　　　　　　　　　　　　　　　）
　　　　　　　　　　　　　　　　　　　（食品名　　　　　　　　　　　　　　　　　　　　　　）
　　　　　　　　　　③必要なし
2．日常の体育活動・運動部活動について
　　「日本学校保健会　学校生活管理指導表」を参照のこと
3．学校行事（宿泊学習、修学旅行など）への参加およびその身体活動
　　「日本学校保健会　学校生活管理指導表」を参照のこと
4．その他の注意事項

低血糖が起こったときの対応*

程度	症状	対応
軽度	空腹感、いらいら、手がふるえる	グルコース錠2個 （40kcal＝0.5単位分。入手できなければ、スティックシュガー10g）
中等度	黙り込む、冷汗・蒼白、異常行動	グルコース錠2個 （あるいは、スティックシュガー10g） さらに多糖類を40～80kcal（0.5～1単位分）食べる。 （ビスケットやクッキーなら2～3枚、食パンなら1/2枚、小さいおにぎり1つなど） 上記補食を食べた後、保健室で休養させ経過観察する。
高度	意識障害、けいれんなど	保護者・主治医に緊急連絡し、救急車にて主治医または近くの病院に転送する。救急車を待つ間、砂糖などを口内の頬粘膜にこすりつける

＊軽度であっても低血糖が起こったときには、保護者・主治医に連絡することが望ましい。

出典：公益財団法人日本学校保健会

第6章　個別的な配慮を必要とする子どもの園生活と保育者の役割

❷ 糖尿病児の急変時

　インスリン治療を行っていると、低血糖になって意識がなくなることもあります。そのときの対応についても緊急時の連絡先などをまとめておきます（表6-4）。

2) クラス運営で配慮が必要なときの対応

　支援員がいないときのクラス運営では、散歩などの活動時に、補助の教員が入るような配慮が必要なこともあります。また、配慮の方法がわからない担任への助言が必要になることもあります。

　同じクラスの子どもたちへの理解のために、絵本や紙芝居、人形劇などさまざまなツールを使ってふだんから理解を深めておくことも大切です。

3) 保護者対応で配慮が必要なときの対応

　家庭と集団生活の場で違う様子が見られることもあり、保育参観などで理解を深めることが必要なこともあります。慢性疾患や障害を抱えたことで悲観的になったり、自責的になる保護者もいます。保護者の気持ちを傾聴して精神的な支援をすることも大切です。■

● 個別的な配慮を必要とする子どものことを他児に伝える方法を考えてみましょう。絵本や人形劇など自分が使えるツールを用いて実践してみましょう。

参考文献　▶日本学校保健会「糖尿病患児の治療・緊急連絡法等の連絡表」2002年
　　　　　▶東京都アレルギー疾患対策検討委員会監「食物アレルギー緊急時対応マニュアル」東京都健康安全研究センター企画調整部健康危機管理情報課、2018年

column

医療的ケア児

　「医療的ケア児」とは、在宅等で日常的に、痰の吸引・経管栄養・気管切開部の衛生管理、酸素投与、導尿等の医療行為が行われている子どものことです。近年、医療の進歩により、超早産児や重症の障害児も救命できるようになりましたが、長期入院後、退院した後も痰の吸引や経管栄養などが必要な医療的ケア児が、年々増加しています。医療的ケア児は、自宅で家族が介護をしていることが多く、外出することや家族以外の人との交流ができないことがほとんどでしたが、2016（平成28）年に児童福祉法の改正があり、医療的ケア児に対し、地方公共団体に保健、医療、福祉等の支援体制を整備することが求められ、取り組みが進んできています。就学前に集団生活を希望する医療的ケア児も増加しており、保育所や幼稚園でも、受け入れが増加しつつあります。最も多い医療的ケアは経管栄養ですが、次いで、痰の吸引、導尿となっています。

　厚生労働省では、地域の障害児通所支援事業所、保育所、放課後児童クラブおよび学校等において医療的ケア児等への支援に従事できる者の養成や、医療的ケア児等の支援を総合調整するコーディネーターを養成するための研修を推進しています。日常的に医療的ケアを行う必要がある子どもがいる幼稚園、小中高等学校に看護師が派遣され、巡回し、医療的ケアを実施し、教職員への指導助言を行うことを文部科学省でも教育委員会や学校法人に委託するようになってきています。

　今後は、地域において医療的ケア児等の支援に携わる保健、医療、福祉、教育等の各分野の関係機関および当事者団体等から構成される協議の場を設置して、現状の把握・分析、連絡調整、支援内容の協議等を行って、医療的ケア児が集団生活を含む地域での生活が安心して送れるようになることが望まれます。

資 料

保育者としての資質向上研修俯瞰図

		Hop	Step	Jump
A 愛されて育つ子ども	子どもの人権	**A1-Ⅰ 子どもの理解** 〈多様な子どもの受容〉 ○家庭環境、人種、職業等の違いの認識 ○差別的な言葉・表現の理解 〈人権を守る保育〉 ○子どもの人権と権利の理解 ○性差／個体差の認識と共有 〈支援を要する保育〉 ○インクルーシブ・特別支援教育の理解	**A1-Ⅱ 子どもの理解** 〈多様な子どもの受容〉 ○家庭環境、人種、職業等の違いの理解 〈人権を守る保育〉 ○子どもの人権と権利の共有 ○子どもの権利条約（生きる権利、育つ権利、守られる権利、参加する権利）の理解 ○ハラスメント・ジェンダーの認識 〈支援を要する保育〉 ○インクルーシブ・特別支援教育の共有	**A1-Ⅲ 子どもの理解** 〈多様な子どもの受容〉 ○家庭環境、人種、職業等の違いの共有 〈人権を守る保育〉 ○人権教育論の理解と共有 ○子どもの人権と権利の擁護 ○少年法／児童福祉法／発達障害者支援法／家族法／児童憲章等の理解と共有 ○子どもの権利条約（生きる権利、育つ権利、守られる権利、参加する権利）の理解と共有 ○ハラスメント・ジェンダー・マイノリティ・共生社会・合理的配慮の共有 〈支援を要する保育〉 ○インクルーシブ・特別支援教育の体制構築
	子どもの健康と安全（健康的な園生活）	**A2-Ⅰ 健康的な園生活** ○視診・触診 ○家庭との連絡（既往症と持病、アレルギーの把握・対応・配慮） ○心理面のケア／アタッチメント ○身体測定、健康記録 ○健康衛生指導 ○生活習慣指導 ○健康診断 ○与薬（薬機法） ○就寝管理／呼吸確認（定時・SIDS対応） ○救急法（ケガの対応・心肺蘇生法・AED等） ○エピペン等への対応	**A2-Ⅱ 健康的な園生活** ○食育（栄養管理） ○食品衛生 ○園医等との連携 ○保護者への健康（保健だよりも含む）・栄養指導と支援 ○家庭への生活習慣指導と支援 ○与薬（薬機法） ○エピペン等への対応 ○園医・園歯科医・医療機関との連携 ○愛着（アタッチメント）理論	**A2-Ⅲ 健康的な園生活** ○食環境 ○栄養指導と支援（家庭向け） ○伝染病への対応 ○施設の衛生管理 ○薬品管理 ○子どもの生活環境に対する分析と提言 ○与薬（薬機法）
	子どもの健康と安全（安全な園生活）	**A3-Ⅰ 安全な園生活** ○救急法（ケガ、心肺蘇生法・AED、誤飲・誤食等） ○安全指導、安全管理 ○積極的なヒヤリハットの活用 ○自園の安全管理マニュアルの理解と確認 ○災害・危機管理マニュアル、危険予知・予防（遊具・園庭環境・園外保育・有害動植物等） ○侵入者防御／対応	**A3-Ⅱ 安全な園生活** ○小児保健（疾病含む）、校医との連携 ○災害管理、安全確認（遊具施設、園内環境） ○後輩への安全指導 ○リスクマネージメント ○危機管理マネージメント－防災計画・訓練（マニュアル）の検証	**A3-Ⅲ 安全な園生活** ○健康管理 ○責任者論 ○リスクマネージメント ○危機管理マネージメント－防災計画・訓練（マニュアル）の企画・立案・作成・実施 ○重大事故・事件の報告・公表
	愛されていると感じられる保育	**A4-Ⅰ 愛情深い保育** ○心の教育・保育、心・情動に向き合った保育 ○人間観・子ども観 ○愛されていると感じられる保育 ○安心・安全を感じられる保育	**A4-Ⅱ 愛情深い保育** ○心の教育・保育、心・情動に向き合った保育 ○人間観・子ども観 ○宗教保育（仏教保育、神社保育、キリスト教保育等）	**A4-Ⅲ 愛情深い保育** ○愛・感謝・希望を育む保育 ○宗教性を基盤に置いた保育

		Hop	Step	Jump
		○自己肯定感・自尊感情の醸成 ○虐待・ＤＶ防止	○愛・感謝・希望を育む保育 ○愛着形成（家庭・地域社会と共有）	
B 子どもと共に育つ保育者	人間性豊かな保育者	**B1-Ⅰ　人間性を磨く** 〈視野の拡大〉 ○感性を磨く（芸術や美術に触れる） ○社会的活動（地域活動への参加など） ○ボランティア活動 ○積極的にリフレッシュする	**B1-Ⅱ　人間性を磨く** 〈視野の拡大〉 ○異業種体験 ○他園実習研修 ○リフレッシュの重要性を理解する	**B1-Ⅲ　人間性を磨く** 〈視野の拡大〉 ○海外研修 ○自らへの投資を意識づける ○リフレッシュのタイミングを理解し、提案する
	子どもの心に寄り添い、共に生活し育ち合う	**B2-Ⅰ　子どもの理解** 〈育ちの理解〉 ○幼児期の発達理解 〈子ども理解〉 ○多様な理解があることを知る 〈子どもを評価する様々な技能や客観化する手法（評価のスケール等）の研修〉 ○評価方法を知る 〈公開保育〉 ○自園で他の保育者の保育を見る ○他園の公開保育に参加し自園との違いを感じる 〈エピソードの記述〉 ○語り合いながら、育ちや学びを共有することを知る	**B2-Ⅱ　子どもの理解** 〈育ちの理解〉 ○乳児期と児童期の理解 〈子ども理解〉 ○多様な理解をする 〈子どもを評価する様々な技能や客観化する手法（評価のスケール等）の研修〉 ○評価を使いこなす 〈公開保育〉 ○自園で自分の保育を見てもらい意見をもらう ○他園の公開保育に参加し自園の良さと課題を理解する 〈エピソードの記述〉 ○語り合ったり、記述したりすることを理解する	**B2-Ⅲ　子どもの理解** 〈育ちの理解〉 ○青年期（生涯）の理解／生涯発達心理の理解 〈子ども理解〉 ○多様な理解を提案し、その人らしさを引き出す 〈子どもを評価する様々な技能や客観化する手法（評価のスケール等）の研修〉 ○評価方法を考案する 〈公開保育〉 ○自園で互いの保育を見合い、園全体で共有する ○自園の保育を他園に公開する ○他園の公開保育に参加し自園と他園をコーディネートする 〈エピソードの記述〉 ○エピソードからの多様な読み取りを提案する
	遊びの専門性	**B3-Ⅰ　豊かな遊び** 〈アウトドア体験〉 ○自然と触れ合い遊び方を知る 〈プレイパーク、遊び場研修〉 ○魅力的な遊び場を体験する 〈生き物と触れ合う（命と触れ合う）体験、自給自足体験〉 ○生き物と触れ合い、育て方を知る 〈自分の得意分野を持ち、保育に生かす〉 　絵画・造形・音楽・運動等の分野とそれ以外の分野 ○得意分野を知る	**B3-Ⅱ　豊かな遊び** 〈アウトドア体験〉 ○遊びを工夫する 〈プレイパーク、遊び場研修〉 ○遊び場を創造する（園内） 〈生き物と触れ合う（命と触れ合う）体験、自給自足体験〉 ○生き物の知識などを増やす 〈自分の得意分野を持ち、保育に生かす〉 　絵画・造形・音楽・運動等の分野とそれ以外の分野 ○得意分野を磨く	**B3-Ⅲ　豊かな遊び** 〈アウトドア体験〉 ○遊びを創りだし提案する 〈プレイパーク、遊び場研修〉 ○遊び場を再生する（地域） 〈生き物と触れ合う（命と触れ合う）体験、自給自足体験〉 ○生き物を生活に取り込む 〈自分の得意分野を持ち、保育に生かす〉 　絵画・造形・音楽・運動等の分野とそれ以外の分野 ○個の得意分野を園全体の保育に生かす
	社会人としての役割	**B4-Ⅰ　社会人としての自覚** 〈社会人としての姿〉 ○社会人としてのモラル、ルール、マナーを知る ○自分の仕事を理解し、慣れる ○組織の一員としての自覚を持つ ○クラス担任の仕事を理解する	**B4-Ⅱ　社会人としての自覚** 〈社会人としての姿〉 ○積極的にルールやマナーを理解する ○組織の一員として期待される役割を意識する ○自分の仕事の目的・役割を認識する ○学年としての見通しを持つ	**B4-Ⅲ　社会人としての自覚** 〈社会人としての姿〉 ○リーダーとしてのモラル、ルール、マナーを知る ○保育者としてのあり方を具体的に自らが示す ○組織の活性化を図る ○仕事の目的・目標を明確化する ○仕事の効率化を図る

		Hop	Step	Jump
	自園の保育の理解と実践	**B5-Ⅰ　自園の保育の理解と実践** 〈自園理解（建学の精神・園としての持ち味）〉 ○自園の教育・保育理念を理解する ○自園の教育課程を理解する 〈日常の保育の点検〉 ○保育のねらいを理解し意識する ○園のルールを知り、理解する 〈行事〉 ○行事の意義を知る	**B5-Ⅱ　自園の保育の理解と実践** 〈自園理解（建学の精神・園としての持ち味）〉 ○自園の教育・保育理念の特長を理解する ○教育課程を編成する 〈日常の保育の点検〉 ○保育のねらいを点検し見直す ○園のルールを検証し見直す 〈行事〉 ○行事を点検・検証し見直す	**B5-Ⅲ　自園の保育の理解と実践** 〈自園理解（建学の精神・園としての持ち味）〉 ○自園の教育・保育理念の特長を継承し課題を改善する ○自園の教育・保育理念を編成し明文化する ○教育課程を見直し再編する ○自然環境・遊び場マップをつくる ○子育て講座を実践する 〈日常の保育の点検〉 ○意見を集約し再構成する ○保育の目的やルールの意義を評価し見直しを投げかける 〈行事〉 ○意見を集約・検証し再構成する
	職場における同僚性	**B6-Ⅰ　同僚性を高める** 〈人間関係力〉 ○尋ね、相談する ○積極的にコミュニケーションを図る ○メンター（助言者）等に協力を求める ○ワークショップに参加する	**B6-Ⅱ　同僚性を磨く** 〈人間関係力〉 ○指導、助言が相手の立場に立ってできる ○リーダーの役割を学ぶ ○メンターを指名する ○メンターの役割を担う	**B6-Ⅲ　同僚性を磨く** 〈人間関係力〉 ○ワークショップを運営する ○次代のリーダーを育てる
C 教育・保育理論	保育の歴史や思想を知る	**C1-Ⅰ 歴史と思想** ○現代社会における子どもの問題 ○現代の教育・保育施設の誕生と理念	**C1-Ⅱ 歴史と思想** ○社会変化と子どもの状況 　－保育思想の芽生え ○保育制度や乳幼児期養育施設の変遷	**C1-Ⅲ 歴史と思想** ○現代の保育制度と保育理念 ○多層化する保育ニーズ
		○ジョン・ロック、ルソー、ペスタロッチ、フレーベル、デューイ、エレン・ケイ、モンテッソーリ、ニール、シュタイナー、マラグッティ　など ○オーベルランの幼児保護所、オーエンの幼児学校、フレーベルのキンダーガルテン、モンテッソーリの子どもの家、マクミランの保育学校、ニールの自由学校、シュタイナー学校、レッジョエミリヤ市の幼稚園 ○ヘッドスタート計画		
	保育を支える発達の理論を知る	**C2-Ⅰ　発達理論** 〈発達に即した保育〉 ○保育から見取る身体的・知的発達 ○保育を通して見る発達段階と保育課題 〈発達の基礎理論〉 ○幼児期の育ち 　身体の育ち、情動の育ち、言葉の育ち、知的な育ち、友達関係の育ち	**C2-Ⅱ　発達理論** 〈発達に即した保育〉 ○応答的に環境にかかわることの意味 ○自我の発達と家族関係の心理 　－愛着の形成とホスピタリズム－ ○子どもの姿と発達理論上の相違の理解 〈発達の基礎理論〉 ○乳児期から児童期の育ち 　社会性の育ち、道徳性の育ち、認知機能の育ち、自我・性格の育ち	**C2-Ⅲ　発達理論** 〈発達に即した保育〉 ○応答的な人的環境とは ○保育者の心理 ○現代の社会環境での発達の課題 〈発達の基礎理論〉 ○生涯発達の視点 　主要な発達論の理解と乳児期、幼児期、児童・青年期の連続性とその規定要因の理解
		○ピアジェ、ビゴツキー、ワロン、エリクソン、ハーヴィガースト、ボールビイ、アインスワース　など ○発達のとらえ方、発達段階説、発達の最近接領域、発達課題、内言語、愛着の形成、「母性的養育の喪失」の問題		

		Hop	Step	Jump
	日本の保育制度を知る	C3-Ⅰ　制度の理解 〈保育の歴史〉 ○我が国の保育施策と保育施設 　－社会の変容と保育施策 　－子育て・保育に関する報道から見える考え方 　－ベビーホテル等の保育環境 〈教育・保育制度〉 ○幼稚園・保育所・こども園・認可外保育施設の違い ○学校と児童福祉施設の違い 　－家庭を補完し、発達を援助する 　－幼児を保護し、家族を支援する	C3-Ⅱ　制度の理解 〈保育の歴史〉 ○保育制度の歴史と自園の設立の経緯 〈教育・保育制度〉 ○自園を取り巻く環境と保育制度の関係 　－労働環境・家庭環境と開園時間など ○少子化時代の乳幼児教育施設 　－エンゼルプラン・次世代育成支援法、子ども・子育て支援法などの政策とその意味	C3-Ⅲ　制度の理解 〈保育の歴史〉 ○創生期の幼児教育施設とその思想的リーダー ○社会情勢の変化に伴う教育施設の変遷と多様化 　－幼稚園・保育所の成り立ち 〈教育・保育制度〉 ○保育制度の多様化が生む教育・保育観の違い 　－幼稚園・保育所の歴史的経緯 　－児童中心主義と教師（大人）中心主義 　－経験主義的学力観と系統主義的学力観 ○平成元年の幼稚園教育要領改訂の意義 ○発達・保育履歴の継続など制度上の問題点 ○現代的課題と保育者・保育団体の役割
		○東京女子師範学校附属幼稚園、新潟静修学校付属の幼児施設、二葉幼稚園、頌栄保姆伝習所 ○倉橋惣三、城戸幡太郎、A．L．ハウ女史　　など ○幼稚園令、保育要領から幼稚園教育要領、保育所保育指針、認定こども園教育・保育要領		
D 子ども理解	子どもの育ちと記録のとり方（育ちの理解）	D1-Ⅰ　育ちの理解（事例研究） ○胎児から誕生までの育ち ○誕生から就学までの育ち ○身近な大人との関係の中での育ち 　－基本的信頼感、愛着形成、自我の芽生え、自己主張 ○自己肯定感と自己有能感の獲得 ○子ども同士の関係の中で 　－自己発揮、自己抑制、自律の獲得 　－一人遊び～集団遊び、ごっこ遊び 　－母子分離、けんか、協同する経験	D1-Ⅱ　育ちの理解（事例研究） ○認知の発達（育ちの節目の理解） ○協同的学びの展開 ○縦割り保育、異年齢交流を実践する ○目に見えない内面や心情の理解（非認知的能力の育ち） ○同僚性を基盤としたチームとしての学び合い	D1-Ⅲ　育ちの理解（事例研究） ○園の教育・保育理論の確立（リーダーとして） 　子ども理解に始まる保育・教育 　乳児期の保育と幼児期の教育の一体化（インテグレーション） ○学童期の発達の姿（スタートカリキュラムの理解） ○人生の基礎を培う乳幼児期 　コミュニケーション力・社会人基礎力・批判的思考力
	子どもの育ちと記録のとり方（育ちの記録）	D2-Ⅰ　育ちの記録（取る） ○個人記録 ○保育日誌 ○様々な記録（エピソード、環境図、写真、動画）	D2-Ⅱ　育ちの記録（利用する） ○日誌からエピソードへ ○保護者との育ちの共有 　エピソード、ドキュメンテーション、ポートフォリオ 　※写真等の活用 ○肯定的視点による記録 ○集団の記録 ○個別記録の引き継ぎ	D2-Ⅲ　育ちの記録（生かす） ○エビデンスに基づく育ちの検証と記録ができる ○園内研修（ケース会議）を企画する 　－子ども理解から始まる教育・保育実践 ○園内研修の実施とファシリテーション ○保育へのフィードバック ○研修の目的を達成する
	特別支援教育	D3-Ⅰ　特別支援教育の理解	D3-Ⅱ　特別支援教育の保育実践	D3-Ⅲ　特別支援教育の環境整備

		Hop	Step	Jump
		○特別支援とインクルーシブ教育 ○様々な障がいの基礎知識（自閉症スペクトラム、合理的配慮等） ○特別支援教育の実践基礎	○園内の連携、家庭との連携（家庭支援） ○個別の指導計画	○ケースカンファレンス ○基礎的環境整備 ○個別の教育支援計画 ○小学校、専門機関との連携
E 保育実践	幼稚園教育要領、認定こども園教育・保育要領と各園の教育・保育課程	E1-Ⅰ　自園の教育・保育課程 ○教育・保育課程が目指す理念の理解 ○教育・保育課程を生かした指導計画の作成	E1-Ⅱ　自園の教育・保育課程 ○教育・保育課程が目指す理念の理解と共有 ○教育・保育課程を生かした指導計画の検証と、保育現場における課題の明確化 ○教育要領、教育・保育要領などと自園の教育・保育課程との関連性の理解	E1-Ⅲ　自園の教育・保育課程 ○自園の教育理念の明確化 ○教育要領、教育・保育要領などと自園の教育・保育課程との整合性の検証 ○誕生から小学校以降までの育ちを見通した教育・保育課程の編成、解説、共有、見直し ○幼児教育の社会的意義を社会に発信する方策とエビデンス
	実践の基礎となる知識など	E2-Ⅰ　実践のための知識 〈様々な保育形態〉 ○異年齢混合保育、チーム保育、預かり保育などの理解 〈個と集団〉 ○個と集団の関係性の理解 〈年齢に応じたかかわり〉 ○年齢や発達に応じた保育内容やかかわりを理解する ○年齢や発達を考慮した学級運営の基礎知識 〈遊びの知識と理解〉 ○伝承遊び、自然とかかわる遊び、新しい遊び 〈教材の知識と理解、作成〉 ○各教材の使い方の理解 ○教材の選択、作成 〈発達や学びの連続性の保障〉 ○保育所保育指針等や小学校学習指導要領の基本的理解	E2-Ⅱ　実践のための知識 〈様々な保育形態〉 ○異年齢混合保育、チーム保育、預かり保育などへの柔軟な対応 〈個と集団〉 ○個と集団の関係を生かした学級運営の実践 〈年齢に応じたかかわり〉 ○年齢や発達に応じた保育内容やかかわりの検証 ○年齢や発達を考慮した学級運営の検証 〈遊びの知識と理解〉 ○遊びの意味と育ちへのつながり ○自然発生的な遊びの重要性 〈教材の知識と理解、作成〉 ○各教材と育ちへのつながりの理解 ○教材の選択、作成、改良 〈発達や学びの連続性の保障〉 ○乳児期の保育や小学校以降の学習へのつながりを意識した保育	E2-Ⅲ　実践のための知識 〈様々な保育形態〉 ○自園の教育理念に基づく保育形態の選択 ○保育形態への理解を促す解説、価値観の共有 〈個と集団〉 ○個と集団の関係を生かした園の体制づくり 〈年齢に応じたかかわり〉 ○年齢や発達に応じた保育内容やかかわりを、生涯の育ちという観点から検証 〈遊びの知識と理解〉 ○遊びの意味と育ちへのつながりの解説と共有 〈教材の知識と理解、作成〉 ○各教材と育ちへのつながりの解説と共有 ○教材の開発 〈発達や学びの連続性の保障〉 ○乳児期の家庭支援や小学校以降の学習との連続性を意識した基礎的環境整備
	指導計画から保育の立案へ	E3-Ⅰ　計画の立案 〈保育の理解と計画〉 ○心情、意欲、態度の育ちの基本 ○環境を通しての保育の基本 ○遊びを通しての育ちと学びの基本 ○協同的な遊びと学びの基本 〈保育案等の作成〉 ○主体性が生きる保育案の工夫 ○行事の意義の理解	E3-Ⅱ　計画の立案 〈保育の理解と計画〉 ○心情、意欲、態度の育ちを意識した実践 ○環境を通しての保育の実践 ○遊びを通しての育ちと学びの実践 ○協同的な遊びと学びの実践 ○遊びや活動を充実させる時間設定の工夫 〈保育案等の作成〉 ○実践に生きる保育案のあり方と再構築の考察	E3-Ⅲ　計画の立案 〈保育の理解と計画〉 ○遊びや活動を充実させる時間的な環境づくり ○現場で生きる指導計画や保育案のフォーマット作成 ○指導計画の存在と大切さを社会に発信する方策 〈保育案等の作成〉 ○保育案等に基づく保育者の指導

		Hop	Step	Jump
		○特別支援教育における個別指導の理解、計画の作成 ○０、１、２歳児における個別指導の理解、計画の作成	○行事の立案 ○特別支援教育を充実させる個別指導計画のあり方 ○０、１、２歳児保育を充実させる個別指導計画のあり方	○行事の立案と再構築 ○特別支援教育を充実させる個別指導計画の作成指導 ○０、１、２歳児保育を充実させる個別指導計画の作成指導
環境の構成		**E4-Ⅰ　環境の構成** ○環境構成の重要さの理解 ○自然環境、飼育と栽培、人工的な教材等の基本的な知識と理解 ○魅力的な環境づくりのための技術の習得 ○環境の要としての保育者のあり方 ○子どもと共に環境をつくり出すことの意義 ○コーナー保育などの理解	**E4-Ⅱ　環境の構成** ○環境構成と再構成の重要さの理解 ○自然環境、飼育と栽培、人工的な教材等の構成と応用 ○魅力的な環境づくりのための技術の応用 ○環境の要としての保育者のあり方 ○子どもと共に環境をつくり出す方策 ○落ち着ける環境の理解と創出 ○地域資源（自然、文化、人材、伝承行事等）の発見と活用法の創出	**E4-Ⅲ　環境の構成** ○環境の構成と再構成を進めやすい基盤づくり ○環境と保育者、子どもの関係の明確化 ○自然環境、飼育と栽培、人工的な教材等の精査、導入 ○地域資源（自然、文化、人材、伝承行事等）の活用につながる基盤づくり ○環境づくりの技術指導
保育の実践		**E5-Ⅰ　指導、援助、見守り等の実践** ○子どもに寄り添う共感的な対応 ○子どもに対して使う言葉の精査と非言語の表現（表情、まなざし、身体表現等）の理解 ○具体的な保育技術、実践内容の習得 ○手段としての保育の理解 　遊びの伝承と創造の実践 　子どもの主体性の尊重 　子ども一人一人の違いの理解 　個と集団の関係を意識した実践	**E5-Ⅱ　指導、援助、見守り等の実践** ○指導、援助、見守り等の適切な使い分け ○子どもに対して使う言葉や非言語の表現の適切な使い分け ○質の高い保育技術、実践内容の精査、継承 ○手段としての保育の継承 　子どもの育ちに生きる遊びの伝承と創造 　子どもの主体性を伸ばす実践のあり方 　子ども一人一人への適切な対応 　一人一人を生かす集団保育のあり方 ○園独自の文化の理解と継承	**E5-Ⅲ　指導、援助、見守り等の実践** ○安心して実践を進められる基盤づくり ○保育技術や実践内容の取り入れや検証をする仕組みづくり ○保育技術や遊びが継承していく仕組みづくり ○園独自の文化の創造と精査、継承していくための方策と風土づくり
観察と記録		**E6-Ⅰ　記録** 〈観察の視点〉 ○様々な観察の視点の理解と思考 〈記録方法〉 ○様々な記録方法の理解 　個人の記録と集団の記録 　エピソード記録、記述など 〈記録の整理と活用〉 ○記録の整理の理解と思考	**E6-Ⅱ　記録** 〈観察の視点〉 ○観察の視点の適切な使い分け 〈記録方法〉 ○よりよい記録方法の工夫 〈記録の整理と活用〉 ○記録の整理による共有と活用	**E6-Ⅲ　記録** 〈観察の視点〉 ○観察の視点についての指導 〈記録方法〉 ○よりよい記録方法の作成、見直し 〈記録の整理と活用〉 ○記録の共有と活用の仕組みづくり
保育の振り返りと評価		**E7-Ⅰ　実践の評価** ○評価の意義の理解 　自分の実践を客観的に振り返り、課題を発見する手段として	**E7-Ⅱ　実践の評価** ○評価方法の精査と園内での評価結果の共有 ○保育者間のカンファレンスのあり方	**E7-Ⅲ　実践の評価** ○評価結果に基づく社会への発信 ○情報共有ができる同僚性の豊かな保育者集団の醸成

		Hop	Step	Jump
		○保育者間のカンファレンスの意義 ○計画、実践への反映の理解と思考	○園の課題の発見と園内での共有 ○計画、実践への適切な反映	○社会の課題の発見と共有 ○計画、実践に反映できる仕組みづくり
F 子どもが育つ家庭や地域	保護者・地域との連携	F1-Ⅰ　連携の視点 〈保・幼・小の連携を学ぶ〉 ○幼児と児童の交流を知る ○保・幼・小の教職員同士の交流を知る ○小学校のスタートカリキュラムを学ぶ 〈保護者との連携ができる〉 ○連絡帳の活用方法 ○コミュニケーションの方法を学ぶ ○保護者との懇談会等のあり方を学ぶ 〈教育相談の方法と実践を知る〉 ○教育相談の基本的姿勢 ○個別面談の基本的技法 ○カウンセリングマインドを活用した教育相談の理解 〈情報発信（メディア）の活用方法を知る〉 ○便利さと危険性の理解	F1-Ⅱ　連携の視点 〈保・幼・小の連携を理解する〉 ○幼児と児童の交流の企画 ○保・幼・小の教職員同士の交流を企画 ○接続を見通したカリキュラムを理解する 〈保護者との連携に努める〉 ○保護者啓発のための連絡帳 ○コミュニケーション能力を高める ○保護者との懇談会等の運営を学ぶ ○活動情報誌の作成と活用方法 〈教育相談の方法と実践を学ぶ〉 ○教育相談、個別面談の実践 ○カウンセリングマインドを活用した教育相談の理解と実践 〈メディアの活用方法を考える〉 ○Webを活用した情報の発信とは ○便利さと危険性の理解	F1-Ⅲ　連携の視点 〈保・幼・小の連携への理解と実践〉 ○接続を見通した交流の企画・運営 ○保・幼・小の発達や学びの連続性を踏まえたカリキュラムの編成 〈保護者との連携を深める〉 ○保護者との懇談会等の運営を企画する ○活動情報誌の作成と活用方法 ○保護者同士の交流の場の提供 ○教育方針、内容理解のための啓発手法 〈教育相談の方法と実践を工夫する〉 ○教育相談の生かし方 ○個別面談の生かし方 ○カウンセリングマインドを活用した教育相談の理解と実践 〈メディアの活用方法を発信する〉 ○Webを活用した情報の発信と活用 ○情報倫理の周知
	子育ての支援	F2-Ⅰ　子育て家庭の支援 〈家庭を支援する必要性の理解〉 ○預かり保育の取り組み 　－教育時間終了後の預かり保育の理解 　－家庭との緊密な連携を図る 　－保護者の要請や地域の実態を知る ○子どもと家庭の変容 　－子どもの育ちの変容を理解する 　－子育ての変容を理解する 　－家庭／家族の変容を知る 　－子どもの変容と家族の変容の関連を理解する ○子どものよさを家庭と共有する ○子どもに寄り添う対応 〈特別なニーズを持つ家庭を知る〉 ○療育環境の理解 ○不適切なかかわり・虐待への理解と早期発見 ○DV（ドメスティック・バイオレンス）の理解	F2-Ⅱ　子育て家庭の支援 〈支援が必要な家庭へのアセスメント〉 ○預かり保育の保育内容に関する計画 　－幼稚園教育の基本を踏まえた保育内容の計画・実践 　－幼児の生活が豊かなものとなる環境を考える ○親の養育観の理解 ○家庭を取り巻く社会環境の理解 ○子育て意識の変化の理解 ○子育ての負担感や不安感への理解 ○子育ちと親育ちへの支援のあり方を学ぶ ○未就園児の親子登園の現状を知る 〈特別なニーズを持つ家庭を学ぶ〉 ○虐待への理解と対応 ○DVの理解と対応 ○ひとり親家庭への対応 ○子どもの貧困化の現状を知る 　－格差の拡大－	F2-Ⅲ　子育て家庭の支援 〈アセスメントを活用した支援を検討〉 ○預かり保育の運営並びに支援 　－園内体制の整備 　－関係機関との連携、協力 　－地域の幼児期の教育のセンターとしての役割 ○子育ちと親育ちへの支援 ○0～2歳児の家庭支援のあり方 ○未就園児の親子登園の運営 〈特別なニーズを持つ家庭への支援〉 ○専門機関との連携を深める ○虐待への理解と対応 ○DVの理解と対応 ○ひとり親家庭への対応と支援 ○子どもの貧困への支援

		Hop	Step	Jump
		○ひとり親家庭への支援 ○子どもの貧困について学ぶ ○自分の育ち（被養育体験）を振り返る		
	社会資源	**F3-Ⅰ　社会資源の理解** 〈身近な社会資源を知る〉 ○病院、保健所、保健センター、福祉事務所、図書館、子ども館など 〈専門機関との交流の意義を知る〉 ○保健師との連携を考える ○児童相談所、療育センター、保健センターの役割を知る 〈コミュニティ・スクールの取り組みを知る〉 ○PTA活動・保護者会を理解する ○地域住民の思いやニーズを知る ○運営にあたって様々な取り組みを知る	**F3-Ⅱ　社会資源を知る** 〈専門機関との交流を深める〉 ○児童相談所、療育センター、保健センターとの交流 ○特別支援教育コーディネーターとの交流について ○民生・児童委員、主任児童委員の役割 ○臨床心理士（カウンセラー）との意見交換 ○ファミリーサポートセンターの役割と利用方法 〈コミュニティ・スクールの実践を学ぶ〉 ○PTA活動・保護者会の取り組みを学ぶ ○地域住民の思いやニーズを共有する ○先進的な運営の実践を学ぶ ○園や支援組織・団体との連絡調整を学ぶ	**F3-Ⅲ　社会資源を知る** 〈専門機関との連携〉 ○児童相談所、療育センター、保健センターとの連携について ○特別支援教育コーディネーターの役割と連携について ○民生・児童委員、主任児童委員との連携 ○子育てサークルの支援を行う ○子育て支援センターの役割を担う 〈コミュニティ・スクールの運営〉 ○PTA活動・保護者会を運営する ○地域住民の思いやニーズを共有する ○支援者と園の課題や目指す幼児像の共有を図る ○活動計画を作成し実践に取り組む

幼稚園教育要領（抜粋）

第1章 総 則

第1 幼稚園教育の基本

　幼児期の教育は、生涯にわたる人格形成の基礎を培う重要なものであり、幼稚園教育は、学校教育法に規定する目的及び目標を達成するため、幼児期の特性を踏まえ、環境を通して行うものであることを基本とする。

　このため教師は、幼児との信頼関係を十分に築き、幼児が身近な環境に主体的に関わり、環境との関わり方や意味に気付き、これらを取り込もうとして、試行錯誤したり、考えたりするようになる幼児期の教育における見方・考え方を生かし、幼児と共によりよい教育環境を創造するように努めるものとする。これらを踏まえ、次に示す事項を重視して教育を行わなければならない。

　1　幼児は安定した情緒の下で自己を十分に発揮することにより発達に必要な体験を得ていくものであることを考慮して、幼児の主体的な活動を促し、幼児期にふさわしい生活が展開されるようにすること。

　2　幼児の自発的な活動としての遊びは、心身の調和のとれた発達の基礎を培う重要な学習であることを考慮して、遊びを通しての指導を中心として第2章に示すねらいが総合的に達成されるようにすること。

　3　幼児の発達は、心身の諸側面が相互に関連し合い、多様な経過をたどって成し遂げられていくものであること、また、幼児の生活経験がそれぞれ異なることなどを考慮して、幼児一人一人の特性に応じ、発達の課題に即した指導を行うようにすること。

　その際、教師は、幼児の主体的な活動が確保されるよう幼児一人一人の行動の理解と予想に基づき、計画的に環境を構成しなければならない。この場合において、教師は、幼児と人やものとの関わりが重要であることを踏まえ、教材を工夫し、物的・空間的環境を構成しなければならない。また、幼児一人一人の活動の場面に応じて、様々な役割を果たし、その活動を豊かにしなければならない。

第4　指導計画の作成と幼児理解に基づいた評価

1　指導計画の考え方

　幼稚園教育は、幼児が自ら意欲をもって環境と関わることによりつくり出される具体的な活動を通して、その目標の達成を図るものである。

　幼稚園においてはこのことを踏まえ、幼児期にふさわしい生活が展開され、適切な指導が行われるよう、それぞれの幼稚園の教育課程に基づき、調和のとれた組織的、発展的な指導計画を作成し、幼児の活動に沿った柔軟な指導を行わなければならない。

2　指導計画の作成上の基本的事項

(1)　指導計画は、幼児の発達に即して一人一人の幼児が幼児期にふさわしい生活を展開し、必要な体験を得られるようにするために、具体的に作成するものとする。

(2)　指導計画の作成に当たっては、次に示すところにより、具体的なねらい及び内容を明確に設定し、適切な環境を構成することなどにより活動が選択・展開されるようにするものとする。

　ア　具体的なねらい及び内容は、幼稚園生活における幼児の発達の過程を見通し、幼児の生活の連続性、季節の変化などを考慮して、幼児の興味や関心、発達の実情などに応じて設定すること。

　イ　環境は、具体的なねらいを達成するために適切なものとなるように構成し、幼児が自らその環境に関わることにより様々な活動を展開しつつ必要な体験を得られるようにすること。その際、幼児の生活する姿や発想を大切にし、常にその環境が適切なものとなるようにすること。

　ウ　幼児の行う具体的な活動は、生活の流れの中で様々に変化するものであることに留意し、幼児が望ましい方向に向かって自ら活動を展開していくことができるよう必要な援助をすること。

　その際、幼児の実態及び幼児を取り巻く状況の変化などに即して指導の過程についての評価を適切に行い、常に指導計画の改善を図るものとする。

3　指導計画の作成上の留意事項

　指導計画の作成に当たっては、次の事項に留意するものとする。

(1)　長期的に発達を見通した年、学期、月などにわたる長期の指導計画やこれとの関連を保ちながらより具体的な幼児の生活に即した週、日などの短期の指導計画を作成し、適切な指導が行われるようにすること。特に、週、日などの短期の指導計画については、幼児の生活のリズムに配慮し、幼児の意識や興

味の連続性のある活動が相互に関連して幼稚園生活の自然な流れの中に組み込まれるようにすること。

(2)　幼児が様々な人やものとの関わりを通して、多様な体験をし、心身の調和のとれた発達を促すようにしていくこと。その際、幼児の発達に即して主体的・対話的で深い学びが実現するようにするとともに、心を動かされる体験が次の活動を生み出すことを考慮し、一つ一つの体験が相互に結び付き、幼稚園生活が充実するようにすること。

(3)　言語に関する能力の発達と思考力等の発達が関連していることを踏まえ、幼稚園生活全体を通して、幼児の発達を踏まえた言語環境を整え、言語活動の充実を図ること。

(4)　幼児が次の活動への期待や意欲をもつことができるよう、幼児の実態を踏まえながら、教師や他の幼児と共に遊びや生活の中で見通しをもったり、振り返ったりするよう工夫すること。

(5)　行事の指導に当たっては、幼稚園生活の自然の流れの中で生活に変化や潤いを与え、幼児が主体的に楽しく活動できるようにすること。なお、それぞれの行事についてはその教育的価値を十分検討し、適切なものを精選し、幼児の負担にならないようにすること。

(6)　幼児期は直接的な体験が重要であることを踏まえ、視聴覚教材やコンピュータなど情報機器を活用する際には、幼稚園生活では得難い体験を補完するなど、幼児の体験との関連を考慮すること。

(7)　幼児の主体的な活動を促すためには、教師が多様な関わりをもつことが重要であることを踏まえ、教師は、理解者、共同作業者など様々な役割を果たし、幼児の発達に必要な豊かな体験が得られるよう、活動の場面に応じて、適切な指導を行うようにすること。

(8)　幼児の行う活動は、個人、グループ、学級全体などで多様に展開されるものであることを踏まえ、幼稚園全体の教師による協力体制を作りながら、一人一人の幼児が興味や欲求を十分に満足させるよう適切な援助を行うようにすること。

4　幼児理解に基づいた評価の実施

幼児一人一人の発達の理解に基づいた評価の実施に当たっては、次の事項に配慮するものとする。

(1)　指導の過程を振り返りながら幼児の理解を進め、幼児一人一人のよさや可能性などを把握し、指導の改善に生かすようにすること。その際、他の幼児との比較や一定の基準に対する達成度についての評定によって捉えるものではないことに留意すること。

(2)　評価の妥当性や信頼性が高められるよう創意工夫を行い、組織的かつ計画的な取組を推進するとともに、次年度又は小学校等にその内容が適切に引き継がれるようにすること。

第5　特別な配慮を必要とする幼児への指導

1　障害のある幼児などへの指導

障害のある幼児などへの指導に当たっては、集団の中で生活することを通して全体的な発達を促していくことに配慮し、特別支援学校などの助言又は援助を活用しつつ、個々の幼児の障害の状態などに応じた指導内容や指導方法の工夫を組織的かつ計画的に行うものとする。また、家庭、地域及び医療や福祉、保健等の業務を行う関係機関との連携を図り、長期的な視点で幼児への教育的支援を行うために、個別の教育支援計画を作成し活用することに努めるとともに, 個々の幼児の実態を的確に把握し、個別の指導計画を作成し活用することに努めるものとする。

2　海外から帰国した幼児や生活に必要な日本語の習得に困難のある幼児の幼稚園生活への適応

海外から帰国した幼児や生活に必要な日本語の習得に困難のある幼児については、安心して自己を発揮できるよう配慮するなど個々の幼児の実態に応じ、指導内容や指導方法の工夫を組織的かつ計画的に行うものとする。

第2章　ねらい及び内容

健康

〔健康な心と体を育て、自ら健康で安全な生活をつくり出す力を養う。〕

1　ねらい

(1)　明るく伸び伸びと行動し、充実感を味わう。

(2)　自分の体を十分に動かし、進んで運動しようとする。

(3)　健康、安全な生活に必要な習慣や態度を身に付け、見通しをもって行動する。

2　内容

(1)　先生や友達と触れ合い、安定感をもって行動する。

(2)　いろいろな遊びの中で十分に体を動かす。

(3)　進んで戸外で遊ぶ。

(4)　様々な活動に親しみ、楽しんで取り組む。

(5)　先生や友達と食べることを楽しみ、食べ物への興味や関心をもつ。

(6)　健康な生活のリズムを身に付ける。

(7)　身の回りを清潔にし、衣服の着脱、食事、排泄などの生活に必要な活動を自分でする。

(8)　幼稚園における生活の仕方を知り、自分たちで生活の場を整えながら見通しをもって行動する。

(9)　自分の健康に関心をもち、病気の予防などに必要な活動を進んで行う。

(10)　危険な場所、危険な遊び方、災害時などの行動の仕方が分かり、安全に気を付けて行動する。

3　内容の取扱い

上記の取扱いに当たっては、次の事項に留意する必要がある。

(1)　心と体の健康は、相互に密接な関連があるものであることを踏まえ、幼児が教師や他の幼児との温かい触れ合いの中で自己の存在感や充実感を味わうことなどを基盤として、しなやかな心と体の発達を促すこと。特に、十分に体を動かす気持ちよさを体験し、自ら体を動かそうとする意欲が育つようにすること。

(2)　様々な遊びの中で、幼児が興味や関心、能力に応じて全身を使って活動することにより、体を動かす楽しさを味わい、自分の体を大切にしようとする気持ちが育つようにすること。その際、多様な動きを経験する中で、体の動きを調整するようにすること。

(3)　自然の中で伸び伸びと体を動かして遊ぶことにより、体の諸機能の発達が促されることに留意し、幼児の興味や関心が戸外にも向くようにすること。その際、幼児の動線に配慮した園庭や遊具の配置などを工夫すること。

(4)　健康な心と体を育てるためには食育を通じた望ましい食習慣の形成が大切であることを踏まえ、幼児の食生活の実情に配慮し、和やかな雰囲気の中で教師や他の幼児と食べる喜びや楽しさを味わったり、様々な食べ物への興味や関心をもったりするなどし、食の大切さに気付き、進んで食べようとする気持ちが育つよう

にすること。

(5)　基本的な生活習慣の形成に当たっては、家庭での生活経験に配慮し、幼児の自立心を育て、幼児が他の幼児と関わりながら主体的な活動を展開する中で、生活に必要な習慣を身に付け、次第に見通しをもって行動できるようにすること。

(6)　安全に関する指導に当たっては、情緒の安定を図り、遊びを通して安全についての構えを身に付け、危険な場所や事物などが分かり、安全についての理解を深めるようにすること。また、交通安全の習慣を身に付けるようにするとともに、避難訓練などを通して、災害などの緊急時に適切な行動がとれるようにすること。

第1章　総　則

第1　幼保連携型認定こども園における教育及び保育の基本及び目標等

1　幼保連携型認定こども園における教育及び保育の基本

乳幼児期の教育及び保育は、子どもの健全な心身の発達を図りつつ生涯にわたる人格形成の基礎を培う重要なものであり、幼保連携型認定こども園における教育及び保育は、就学前の子どもに関する教育、保育等の総合的な提供の推進に関する法律（平成18年法律第77号。以下「認定こども園法」という。）第2条第7項に規定する目的及び第9条に掲げる目標を達成するため、乳幼児期全体を通して、その特性及び保護者や地域の実態を踏まえ、環境を通して行うものであることを基本とし、家庭や地域での生活を含めた園児の生活全体が豊かなものとなるように努めなければならない。

このため保育教諭等は、園児との信頼関係を十分に築き、園児が自ら安心して身近な環境に主体的に関わり、環境との関わり方や意味に気付き、これらを取り込もうとして、試行錯誤したり、考えたりするようになる幼児期の教育における見方・考え方を生かし、その活動が豊かに展開されるよう環境を整え、園児と共によりよい教育及び保育の環境を創造するように努めるものとする。これらを踏まえ、次に示す事項を重視して教育及び保育を行わなければならない。

(1)　乳幼児期は周囲への依存を基盤にしつつ自立に向かうものであることを考慮して、周囲との信頼関係に支えられた生活の中で、園児一人一人が安心感と信頼感をもっていろいろな活動に取り組む体験を十分に積み重ねられるようにすること。

(2)　乳幼児期においては生命の保持が図られ安定した情緒の下で自己を十分に発揮することにより発達に必要な体験を得ていくものであることを考慮して、園児の主体的な活動を促し、乳幼児期にふさわしい生活が展開されるようにすること。

(3)　乳幼児期における自発的な活動としての遊びは、心身の調和のとれた発達の基礎を培う重要な学習であることを考慮して、遊びを通しての指導を中心として第2章に示すねらいが総合的に達成されるようにすること。

(4)　乳幼児期における発達は、心身の諸側面が相互に関連し合い、多様な経過をたどって成し遂げられていくものであること、また、園児の生活経験がそれぞれ異なることなどを考慮して、園児一人一人の特性や発達の過程に応じ、発達の課題に即した指導を行うようにすること。

その際、保育教諭等は、園児の主体的な活動が確保されるよう、園児一人一人の行動の理解と予想に基づき、計画的に環境を構成しなければならない。この場合において、保育教諭等は、園児と人やものとの関わりが重要であることを踏まえ、教材を工夫し、物的・空間的環境を構成しなければならない。また、園児一人一人の活動の場面に応じて、様々な役割を果たし、その活動を豊かにしなければならない。

なお、幼保連携型認定こども園における教育及び保育は、園児が入園してから修了するまでの在園期間全体を通して行われるものであり、この章の第3に示す幼保連携型認定こども園として特に配慮すべき事項を十分に踏まえて行うものとする。

第2　教育及び保育の内容並びに子育ての支援等に関する全体的な計画等

2　指導計画の作成と園児の理解に基づいた評価

(1)　指導計画の考え方

幼保連携型認定こども園における教育及び保育は、園児が自ら意欲をもって環境と関わることによりつくり出される具体的な活動を通して、その目標の達成を図るものである。

幼保連携型認定こども園においてはこのことを踏まえ、乳幼児期にふさわしい生活が展開され、適切な指導が行われるよう、調和のとれた組織的、発展的な指導計画を作成し、園児の活動に沿った柔軟な指導を行わなければならない。

(2)　指導計画の作成上の基本的事項

ア　指導計画は、園児の発達に即して園児一人一人が乳幼児期にふさわしい生活を展開し、必要な体験を得られるようにするために、具体的に作成するものとする。

イ　指導計画の作成に当たっては、次に示すところにより、具体的なねらい及び内容を明確に設定し、適切な環境を構成することなどにより活動が

選択・展開されるようにするものとする。

(ア) 具体的なねらい及び内容は、幼保連携型認定こども園の生活における園児の発達の過程を見通し、園児の生活の連続性、季節の変化などを考慮して、園児の興味や関心、発達の実情などに応じて設定すること。

(イ) 環境は、具体的なねらいを達成するために適切なものとなるように構成し、園児が自らその環境に関わることにより様々な活動を展開しつつ必要な体験を得られるようにすること。その際、園児の生活する姿や発想を大切にし、常にその環境が適切なものとなるようにすること。

(ウ) 園児の行う具体的な活動は、生活の流れの中で様々に変化するものであることに留意し、園児が望ましい方向に向かって自ら活動を展開していくことができるよう必要な援助をすること。
その際、園児の実態及び園児を取り巻く状況の変化などに即して指導の過程についての評価を適切に行い、常に指導計画の改善を図るものとする。

(3) 指導計画の作成上の留意事項
指導計画の作成に当たっては、次の事項に留意するものとする。

ア 園児の生活は、入園当初の一人一人の遊びや保育教諭等との触れ合いを通して幼保連携型認定こども園の生活に親しみ、安定していく時期から、他の園児との関わりの中で園児の主体的な活動が深まり、園児が互いに必要な存在であることを認識するようになる。その後、園児同士や学級全体で目的をもって協同して幼保連携型認定こども園の生活を展開し、深めていく時期などに至るまでの過程を様々に経ながら広げられていくものである。これらを考慮し、活動がそれぞれの時期にふさわしく展開されるようにすること。
また、園児の入園当初の教育及び保育に当たっては、既に在園している園児に不安や動揺を与えないようにしつつ、可能な限り個別的に対応し、園児が安定感を得て、次第に幼保連携型認定こども園の生活になじんでいくよう配慮すること。

イ 長期的に発達を見通した年、学期、月などにわたる長期の指導計画やこれとの関連を保ちながらより具体的な園児の生活に即した週、日などの短期の指導計画を作成し、適切な指導が行われるようにすること。特に、週、日などの短期の指導計画については、園児の生活のリズムに配慮し、園児の意識や興味の連続性のある活動が相互に関連して幼保連携型認定こども園の生活の自然な流れの中に組み込まれるようにすること。

ウ 園児が様々な人やものとの関わりを通して、多様な体験をし、心身の調和のとれた発達を促すようにしていくこと。その際、園児の発達に即して主体的・対話的で深い学びが実現するようにするとともに、心を動かされる体験が次の活動を生み出すことを考慮し、一つ一つの体験が相互に結び付き、幼保連携型認定こども園の生活が充実するようにすること。

エ 言語に関する能力の発達と思考力等の発達が関連していることを踏まえ、幼保連携型認定こども園における生活全体を通して、園児の発達を踏まえた言語環境を整え、言語活動の充実を図ること。

オ 園児が次の活動への期待や意欲をもつことができるよう、園児の実態を踏まえながら、保育教諭等や他の園児と共に遊びや生活の中で見通しをもったり、振り返ったりするよう工夫すること。

カ 行事の指導に当たっては、幼保連携型認定こども園の生活の自然な流れの中で生活に変化や潤いを与え、園児が主体的に楽しく活動できるようにすること。なお、それぞれの行事については教育及び保育における価値を十分検討し、適切なものを精選し、園児の負担にならないようにすること。

キ 乳幼児期は直接的な体験が重要であることを踏まえ、視聴覚教材やコンピュータなど情報機器を活用する際には、幼保連携型認定こども園の生活では得難い体験を補完するなど、園児の体験との関連を考慮すること。

ク 園児の主体的な活動を促すためには、保育教諭等が多様な関わりをもつことが重要であることを踏まえ、保育教諭等は、理解者、共同作業者など様々な役割を果たし、園児の情緒の安定や発達に必要な豊かな体験が得られるよう、活動の場面に応じて、園児の人権や園児一人一人の個人差等に配慮した適切な指導を行うようにすること。

ケ 園児の行う活動は、個人、グループ、学級全体

などで多様に展開されるものであることを踏まえ、幼保連携型認定こども園全体の職員による協力体制を作りながら、園児一人一人が興味や欲求を十分に満足させるよう適切な援助を行うようにすること。

コ　園児の生活は、家庭を基盤として地域社会を通じて次第に広がりをもつものであることに留意し、家庭との連携を十分に図るなど、幼保連携型認定こども園における生活が家庭や地域社会と連続性を保ちつつ展開されるようにするものとする。その際、地域の自然、高齢者や異年齢の子どもなどを含む人材、行事や公共施設などの地域の資源を積極的に活用し、園児が豊かな生活体験を得られるように工夫するものとする。また、家庭との連携に当たっては、保護者との情報交換の機会を設けたり、保護者と園児との活動の機会を設けたりなどすることを通じて、保護者の乳幼児期の教育及び保育に関する理解が深まるよう配慮するものとする。

サ　地域や幼保連携型認定こども園の実態等により、幼保連携型認定こども園間に加え、幼稚園、保育所等の保育施設、小学校、中学校、高等学校及び特別支援学校などとの間の連携や交流を図るものとする。特に、小学校教育との円滑な接続のため、幼保連携型認定こども園の園児と小学校の児童との交流の機会を積極的に設けるようにするものとする。また、障害のある園児児童生徒との交流及び共同学習の機会を設け、共に尊重し合いながら協働して生活していく態度を育むよう努めるものとする。

(4)　園児の理解に基づいた評価の実施
　　園児一人一人の発達の理解に基づいた評価の実施に当たっては、次の事項に配慮するものとする。

ア　指導の過程を振り返りながら園児の理解を進め、園児一人一人のよさや可能性などを把握し、指導の改善に生かすようにすること。その際、他の園児との比較や一定の基準に対する達成度についての評定によって捉えるものではないことに留意すること。

イ　評価の妥当性や信頼性が高められるよう創意工夫を行い、組織的かつ計画的な取組を推進すると

ともに、次年度又は小学校等にその内容が適切に引き継がれるようにすること。

3　特別な配慮を必要とする園児への指導

(1)　障害のある園児などへの指導
　　障害のある園児などへの指導に当たっては、集団の中で生活することを通して全体的な発達を促していくことに配慮し、適切な環境の下で、障害のある園児が他の園児との生活を通して共に成長できるよう、特別支援学校などの助言又は援助を活用しつつ、個々の園児の障害の状態などに応じた指導内容や指導方法の工夫を組織的かつ計画的に行うものとする。また、家庭、地域及び医療や福祉、保健等の業務を行う関係機関との連携を図り、長期的な視点で園児への教育及び保育的支援を行うために、個別の教育及び保育支援計画を作成し活用することに努めるとともに、個々の園児の実態を的確に把握し、個別の指導計画を作成し活用することに努めるものとする。

(2)　海外から帰国した園児や生活に必要な日本語の習得に困難のある園児の幼保連携型認定こども園の生活への適応
　　海外から帰国した園児や生活に必要な日本語の習得に困難のある園児については、安心して自己を発揮できるよう配慮するなど個々の園児の実態に応じ、指導内容や指導方法の工夫を組織的かつ計画的に行うものとする。

第2章　ねらい及び内容並びに配慮事項

第1　乳児期の園児の保育に関するねらい及び内容

ねらい及び内容

健やかに伸び伸びと育つ

［健康な心と体を育て、自ら健康で安全な生活をつくり出す力の基盤を培う。］

1　ねらい

(1)　身体感覚が育ち、快適な環境に心地よさを感じる。

(2)　伸び伸びと体を動かし、はう、歩くなどの運動をしようとする。

(3)　食事、睡眠等の生活のリズムの感覚が芽生える。

2　内容

(1)　保育教諭等の愛情豊かな受容の下で、生理的・心理的欲求を満たし、心地よく生活をする。

(2)　一人一人の発育に応じて、はう、立つ、歩くなど、

十分に体を動かす。

(3) 個人差に応じて授乳を行い、離乳を進めていく中で、様々な食品に少しずつ慣れ、食べることを楽しむ。

(4) 一人一人の生活のリズムに応じて、安全な環境の下で十分に午睡をする。

(5) おむつ交換や衣服の着脱などを通じて、清潔になることの心地よさを感じる。

3 内容の取扱い

上記の取扱いに当たっては、次の事項に留意する必要がある。

(1) 心と体の健康は、相互に密接な関連があるものであることを踏まえ、温かい触れ合いの中で、心と体の発達を促すこと。特に、寝返り、お座り、はいはい、つかまり立ち、伝い歩きなど、発育に応じて、遊びの中で体を動かす機会を十分に確保し、自ら体を動かそうとする意欲が育つようにすること。

(2) 健康な心と体を育てるためには望ましい食習慣の形成が重要であることを踏まえ、離乳食が完了期へと徐々に移行する中で、様々な食品に慣れるようにするとともに、和やかな雰囲気の中で食べる喜びや楽しさを味わい、進んで食べようとする気持ちが育つようにすること。なお、食物アレルギーのある園児への対応については、学校医等の指示や協力の下に適切に対応すること。

第2 満1歳以上満3歳未満の園児の保育に関するねらい及び内容

ねらい及び内容

健康

〔健康な心と体を育て、自ら健康で安全な生活をつくり出す力を養う。〕

1 ねらい

(1) 明るく伸び伸びと生活し、自分から体を動かすことを楽しむ。

(2) 自分の体を十分に動かし、様々な動きをしようとする。

(3) 健康、安全な生活に必要な習慣に気付き、自分でしてみようとする気持ちが育つ。

2 内容

(1) 保育教諭等の愛情豊かな受容の下で、安定感をもって生活をする。

(2) 食事や午睡、遊びと休息など、幼保連携型認定こども園における生活のリズムが形成される。

(3) 走る、跳ぶ、登る、押す、引っ張るなど全身を使う遊びを楽しむ。

(4) 様々な食品や調理形態に慣れ、ゆったりとした雰囲気の中で食事や間食を楽しむ。

(5) 身の回りを清潔に保つ心地よさを感じ、その習慣が少しずつ身に付く。

(6) 保育教諭等の助けを借りながら、衣類の着脱を自分でしようとする。

(7) 便器での排泄に慣れ、自分で排泄ができるようになる。

3 内容の取扱い

上記の取扱いに当たっては、次の事項に留意する必要がある。

(1) 心と体の健康は、相互に密接な関連があるものであることを踏まえ、園児の気持ちに配慮した温かい触れ合いの中で、心と体の発達を促すこと。特に、一人一人の発育に応じて、体を動かす機会を十分に確保し、自ら体を動かそうとする意欲が育つようにすること。

(2) 健康な心と体を育てるためには望ましい食習慣の形成が重要であることを踏まえ、ゆったりとした雰囲気の中で食べる喜びや楽しさを味わい、進んで食べようとする気持ちが育つようにすること。なお、食物アレルギーのある園児への対応については、学校医等の指示や協力の下に適切に対応すること。

(3) 排泄の習慣については、一人一人の排尿間隔等を踏まえ、おむつが汚れていないときに便器に座らせるなどにより、少しずつ慣れさせるようにすること。

(4) 食事、排泄、睡眠、衣類の着脱、身の回りを清潔にすることなど、生活に必要な基本的な習慣については、一人一人の状態に応じ、落ち着いた雰囲気の中で行うようにし、園児が自分でしようとする気持ちを尊重すること。また、基本的な生活習慣の形成に当たっては、家庭での生活経験に配慮し、家庭との適切な連携の下で行うようにすること。

第3　満3歳以上の園児の教育及び保育に関するねらい及び内容

ねらい及び内容

健康

〔健康な心と体を育て、自ら健康で安全な生活をつくり出す力を養う。〕

1　ねらい

(1)　明るく伸び伸びと行動し、充実感を味わう。

(2)　自分の体を十分に動かし、進んで運動しようとする。

(3)　健康、安全な生活に必要な習慣や態度を身に付け、見通しをもって行動する。

2　内容

(1)　保育教諭等や友達と触れ合い、安定感をもって行動する。

(2)　いろいろな遊びの中で十分に体を動かす。

(3)　進んで戸外で遊ぶ。

(4)　様々な活動に親しみ、楽しんで取り組む。

(5)　保育教諭等や友達と食べることを楽しみ、食べ物への興味や関心をもつ。

(6)　健康な生活のリズムを身に付ける。

(7)　身の回りを清潔にし、衣服の着脱、食事、排泄などの生活に必要な活動を自分でする。

(8)　幼保連携型認定こども園における生活の仕方を知り、自分たちで生活の場を整えながら見通しをもって行動する。

(9)　自分の健康に関心をもち、病気の予防などに必要な活動を進んで行う。

(10)　危険な場所、危険な遊び方、災害時などの行動の仕方が分かり、安全に気を付けて行動する。

3　内容の取扱い

上記の取扱いに当たっては、次の事項に留意する必要がある。

(1)　心と体の健康は、相互に密接な関連があるものであることを踏まえ、園児が保育教諭等や他の園児との温かい触れ合いの中で自己の存在感や充実感を味わうことなどを基盤として、しなやかな心と体の発達を促すこと。特に、十分に体を動かす気持ちよさを体験し、自ら体を動かそうとする意欲が育つようにすること。

(2)　様々な遊びの中で、園児が興味や関心、能力に応じて全身を使って活動することにより、体を動かす楽しさを味わい、自分の体を大切にしようとする気持ちが育つようにすること。その際、多様な動きを経験する中で、体の動きを調整するようにすること。

(3)　自然の中で伸び伸びと体を動かして遊ぶことにより、体の諸機能の発達が促されることに留意し、園児の興味や関心が戸外にも向くようにすること。その際、園児の動線に配慮した園庭や遊具の配置などを工夫すること。

(4)　健康な心と体を育てるためには食育を通じた望ましい食習慣の形成が大切であることを踏まえ、園児の食生活の実情に配慮し、和やかな雰囲気の中で保育教諭等や他の園児と食べる喜びや楽しさを味わったり、様々な食べ物への興味や関心をもったりするなどし、食の大切さに気付き、進んで食べようとする気持ちが育つようにすること。

(5)　基本的な生活習慣の形成に当たっては、家庭での生活経験に配慮し、園児の自立心を育て、園児が他の園児と関わりながら主体的な活動を展開する中で、生活に必要な習慣を身に付け、次第に見通しをもって行動できるようにすること。

(6)　安全に関する指導に当たっては、情緒の安定を図り、遊びを通して安全についての構えを身に付け、危険な場所や事物などが分かり、安全についての理解を深めるようにすること。また、交通安全の習慣を身に付けるようにするとともに、避難訓練などを通して、災害などの緊急時に適切な行動がとれるようにすること。

園児を事故・災害から守る安全対策のてびき(抜粋) 全日本私立幼稚園連合会

園舎内に多い事故とその対策

保育室・遊戯室
出入口・ドア、窓

●保育室を先に出た園児が引き戸を閉めたため、後ろにいた園児が指を挟んでしまった。

●勢いよくドアを閉めたために、近くにいた園児が顔面を強打してしまった。

●ドアを開けて外に出ようとしたが、ノブを回すことを忘れてガラスをたたき、負傷した。

●窓から外に出ようとして、バランスを崩して転落。両腕を骨折してしまった。

●教室の転落防止用欄干に座っていたとき、後ろのガラス窓が開いているのに気付かずにもたれようとして転落し、頭部を強打した。

机、棚、壁面

●保育室のロッカーに衝突した拍子にロッカーが倒れ下敷きになり、足の骨を骨折してしまった。

●机の上に乗り、がたつきを面白がって揺さぶっていて、転落した。

●体操服を掛ける壁面のフックに引っ掛かってケガをした。

●落ちていた掲示板の画びょうを踏んでケガをした。

遊具・玩具

●工作中、はさみを振り回し、隣にいた園児の目を突いてしまった。

●投げた積み木が他児の目に当たり、ケガをさせた。

●欠けたブロックで指にケガをした。

冷暖房器具

●押しくらまんじゅうをしていてストーブにぶつかり、やけどした。

●ストーブにかけてあったやかんが転落して熱湯をかぶり、やけどした。

●クーラーの室外機に小枝を差して遊んでいたところ、破片が目に当たり負傷した。

安全のために

●扉の開閉速度はゆっくりめに

引き戸の滑り具合、ドアの戻り具合が急すぎるものは、

衝突や指はさみの要因となります。

●ガラスの安全性に気を配りましょう

ガラスの事故は大きなケガにつながりやすく、非常に危険です。ひびや欠け、ガラスの強度や固定具合に気を配りましょう。

また、ガラスの存在がわかりやすいようにシールを貼るなどの工夫をしましょう。

●窓からの転落を防止しましょう

窓は園児が乗り越えられないような高さ、または造りになっていることが大切です。転落の危険がある箇所には防護柵を取り付け、しっかり固定されているか点検しましょう。

●机や棚はしっかり固定しましょう

机や棚などはがたつきがないか点検し、転倒しないように固定しておきましょう。

●壁面の突起物に注意しましょう

帽子やかばんを掛けるためのフックや釘等は、先端が鋭利でないものを使用しましょう。

●掲示物や額等の固定状況を確認しましょう

掲示物の貼り付けには、画びょうよりも、粘着テープやマグネットを利用しましょう。

●遊具や工作用具の取り扱い・保管は慎重に

刃物や鋭利な工作用具の安全な使い方を園児に指導するとともに、保管にも万全を期しましょう。また、硬質プラスチック製の遊具は、危険な欠損部分がないか調べておきましょう。

●冷暖房器具の周辺に配慮しましょう

特にストーブには、防護柵を設置して直接触れることのないようにし、不用意にやかんなどを置くのは避けましょう。

通路
廊下

●廊下で友達と鬼ごっこをして、走っていて転倒した。

●廊下でかけっこをしていて、曲がり角で別の園児と正面衝突をした。

●雨の日、濡れた廊下で滑って転倒した。

●ワックスをかけたばかりの廊下で滑って遊んでいた際に転倒して頭部を打った。

階段

●階段の手すりを滑り降りようとして転落した。

●階段の踊り場でふざけあっているうちにもみ合いになり、転落した。

●階段の滑り止めにつまづいて転倒した。

昇降口

●出入口の段差につまづいて転倒した。

●すのこの隙間に足を引っかけて転倒し、靴箱の角に頭をぶつけた。

●ふざけて押し合いをしているうちに靴箱にぶつかり、靴箱が転倒して園児が下敷きになった。

ベランダ

●ベランダの手すりにもたれていたところ、手すりが壊れて園児が転落した。

●ベランダの手すりにぶらさがって遊んでいるうちに、手を滑らせて転落した。

●ベランダの手すりの角に顔面を打ちつけた。

トイレ・手洗い場

●トイレのタイル床が濡れており、滑って転倒した。

●友達とふざけているうちに押し合いになり、手洗い場の流し台の角に顔面を打ちつけた。

安全のために

●日頃の指導が最も重要です

廊下を走ったり高い場所でふざけあったりすることが、どのような危険につながるかを具体的に説明し、理解させることが大切です。また、危険な場所に注意し、確認する習慣を付けさせるようにしましょう。

●床面の状況に気を配りましょう

歩行の妨げになるような突起や段差はなるべく減らすようにします。床面の亀裂等は定期的にチェックし、補修しておきましょう。

また、水濡れやワックスのかかりすぎには十分注意しましょう。

●階段の危険に備えましょう

階段の手すりは滑り遊びができないような構造にしておくことが理想的です。

階段の滑り止めは、めくれたり剥がれたりしていない

か、よく点検しましょう。

●出入口等の段差に注意しましょう

中途半端な高さの段差はつまづきやすく危険です。スロープをつけたり、注意をうながす目印をつけるなどの工夫をしましょう。

●照明は十分な明るさに

廊下や階段の照明は、足元が十分確認できる明るさにしておきましょう。

●ベランダからの転落を防止しましょう

ベランダの手すりは園児がよじ登れない高さを確保しておきましょう。

また、老朽化が進んでいないか、定期的に点検しましょう。

●水周りは衛生的な状態に保ちましょう

トイレや手洗い場は、床が水濡れで滑りやすくなりがちです。衛生の面からも、常に清潔な状態に保ち、水気はこまめに拭き取っておきましょう。

園舎外に多い事故とその対策

運動遊具・器具

すべり台

●すべり台の踊り場で押し合いをして落下し、負傷した。

●かばんを掛けたまま滑り降りたところ、ひもが手すりに引っ掛かり、首をつった状態になって窒息した。

●着地面の隙間に足が挟まり、動けなくなってしまったところへ上から園児が次々と滑り降りてきて、一番下の園児が圧死した。

ブランコ

●ブランコのチェーンが摩耗・腐蝕しており、接続部分で切れて落下した。

●ブランコの後ろを通った園児が戻ってくるブランコにぶつかり、頭を強打した。

●飛び降りに失敗し、バランスを崩して転倒。倒れている間に勢いをつけて戻ってきたブランコに後頭部をぶつけた。

うんてい

●ぶら下がっている園児同士がぶつかって 2 人とも落下した。

●夢中になって高いところまで行ってしまったが、途中で耐え切れなくなって落下した。

●ぶら下がっている園児が、他の園児たちに引っ張られたりくすぐられたりして落下し、下にいた園児がケガを負った。

●錆びたところにつかまったため、手のひらをすりむいた。

鉄棒

●雨露に濡れた鉄棒で手が滑って転落した。

●鉄棒の上に立ちあがったがバランスを崩して落下し、腕を骨折した。

●鉄棒で回った園児の足が、側にいた園児の顔に当たってケガをさせた。

ジャングルジム

●ジャングルジムの上で手放しで立ったが、バランスを崩して転落した。

●回転型ジムを大勢で回していたが勢いがつきすぎて、振り落とされた園児がケガをした。

安全のために

●遊具の整備・補修は万全に

遊具本体の老朽化に配慮しましょう。特に固定部分や接続部分、チェーン・ロープ等に摩耗や腐食がないか、危険な突起や折れ曲がり等がないかを定期的に点検し、補修しておきましょう。また、雨後には水濡れで滑りやすくなっていますから、水滴はしっかり拭いておきましょう。

●周辺の状態に気を配りましょう

運動遊具のほとんどには転落の危険性が伴います。地面に固いコンクリートやレンガがむき出しになっていないか注意し、石やガラス片等の危険物の除去は徹底しておきましょう。

●身軽な服装で遊ばせましょう

巻き付いたり引っかかったりしやすいひもや長いリボン、かばんなどを身に付けたまま遊ばないように指導しましょう。

●遊びのルールを守らせましょう

順番を守る、安全な距離を保って待つ、高いところで押し合わない、しっかりつかまる、などの基本的なルールを徹底して指導しましょう。

●安全な遊び方を指導しましょう

危険行為を単に禁止するだけでは、かえって興味を喚起させる場合もあります。「なぜしてはいけないのか」「どんな危険があるのか」を明確に理解させるようにし、安全な遊び方を身に付けさせましょう。

●園児たちの行動には常に目配りを

園児たちの自主性を養う意味からも、口や手の出しすぎは加減すべきですが、目だけは常に園児の行動から離さないことが大切です。

行動の途中で怖がったり、体勢を崩したりした園児をすぐに補助してあげられる位置に待機していましょう。

また、ふざけ合いが行き過ぎたものにならないよう、気を配りましょう。

園庭・施設

運動場

●かけっこをしていて転倒した際に、大きな石に顔をぶつけて負傷した。

●かけっこをしている際に、トラック表示のロープにつまづいて転倒した。

●ボール遊びをしていて、友達が投げたボールが目に当たり、網膜剥離になってしまった。

●雪合戦で遊んでいた際、石の入った雪玉が頭に当たって出血した。

砂場

●ふざけて砂をかけあっていて、目に大量の砂が入ってしまった。

●ふざけあっているうちにシャベルで叩き合いのけんかになり、金属部分で手を切った。

●砂場の砂に混ざっていた鋭い石片で手を切った。

●砂で作ったお団子を食べるふりをしていて、本当に飲み込んでしまった。

プール

●簡易プールからあがる際に足を滑らせ、縁を乗り越えて転倒し、地面に顔を打ち付けた。

●冬場、柵を乗り越えてプールに入り込み、溺れかけた。

飼育施設等

●ウサギ小屋の金網に指を入れてウサギにかまれた。

●池のコイにえさをあげようとして、誤って転落し、溺れ
かけた。

門扉・塀

●裏門の門扉によじ登ってぶら下がり遊びをしていたが、
ほかの園児が勢いよく門扉を押したためにバランスを崩
して落下し、負傷した。

●門扉の蝶番部分に指を挟まれて負傷した。

●ブロック塀を乗り越えて園を抜け出した園児が交通事故
にあった。

通園バス

●バスの走行中に立ち上がり、バスが揺れた拍子に転倒し
て頭を強打した。

●窓から手を出したため、木の枝に触れて指を負傷した。

●迎えに来た母親に、道路を横断して走り寄ろうとし、対
向車にはねられた。

●園児を見送りにきた弟がバスの後方にいたが、気付かず
に発車したため後輪に巻き込まれて負傷した。

安全のために

●つまづきやケガの原因を取り除きましょう
　幼児は何もないところでも転ぶものです。つまづく原因
となるものや転んだ時に大ケガのもとになる危険物は、
極力除去しておきましょう。

●砂場に異物がないか、よく調べましょう
　砂場に大きな石やガラス片等、危険物がないかよく調べ
ておきましょう。園児は砂遊びのためにいろいろなもの
を外から持ち込みます。毎回、使用前・使用後に点検し
ておきましょう。

●プールでは特に足元に気を配りましょう
　ビニール製の簡易プールは足が滑りやすいものです。入
るときと出るときには必ず手を添えるなど、特に注意を
払いましょう。

●池の周辺には防護柵を
　幼児には少量の水も危険です。1人で水の側へ行かな
いように指導しましょう。

●動物の危険性も教えましょう
　動物を乱暴に扱ったり、かまいすぎたりしないように指
導し、爪や歯に注意させましょう。

●門扉に挟まらない工夫を

門扉は注油をするなどして、スムーズに開閉するように
しておきましょう。
　柵は、手足が挟まりにくい間隔や構造のものであること
が理想的です。

●門扉の乗り越えを防止しましょう
　園児が勝手に園を抜け出して事故に遭うケースがありま
す。門扉は園児がよじ登れないような高さや構造のもの
にし、カギも高い場所に付けるなどの工夫をしておきま
しょう。

●通園時の交通事故に気を付けましょう
　園児は、門前で突発的な行動をすることが多く、交通事
故につながりやすいので注意しましょう。また、通園バ
スの乗り降りや、車内での行動にも十分配慮しましょう。

行事の際に多い事故とその対策

遠足・園外保育
移動中

●駅のエスカレーターで押し合いをして、将棋倒しに転落
した。

●プラットホームでふざけていて線路上に転落した。

●列車のドアの開閉時に、指を挟まれてケガをした。

●もたれかかっていたドアが開いて後ろへ転倒した。

●履き慣れない靴で長時間歩いたため、靴ずれを起こした。

●道路を歩行中、ふざけあっていて突然車道に飛び出し、
車にはねられた。

行動時

●河原で水遊びをしていたところ、流れの急な場所に入り
込んでしまい、溺れた。

●休憩時間中に1人きりで池に近付いて誤って転落した。

●昼食後、友達と山の斜面を駆け降りて遊んでいたとこ
ろ、つまづいて転び、下水マンホールのコンクリート台
にあごを強く打ちつけた。

●動物公園でお菓子を持ち歩いていたために、サルに襲わ
れて引っかかれた。

●公園の石灯籠に飛びつき、落下した笠石に当たって負傷
した。

運動会

●玉入れの支柱が不安定だったために転倒し、園児が下敷

107

きになった。

●綱引きの競技中、引きずられた園児たちが将棋倒しにな
りケガをした。

●見学中の園児が、競技に使うために準備されていた運動
器具に乗ってふざけ、崩れた飛び箱の下敷きになってケ
ガをした。

●障害物競走に参加した母親がアキレス腱を切ってしまっ
た。

安全のために

●公共の場所での振るまいを指導しましょう
交通安全に関する指導を十分に行うとともに、駅や歩道
など公共の場所でのルールやマナーを身に付けさせま
しょう。

●乗り物の利用には十分に注意しましょう
電車等の乗車時は、ドア付近に園児を立たせないように
し、ドアの開閉時には特に気を付けましょう。

●現地の事前チェックを念入りに
遠足等、園外保育を行う場合には、その行程に添って、
事前に現地の安全状態を確認しておくことが重要です。
現地までの交通路や、付近の様子など入念な下見を行っ
ておきましょう。また、警察・病院の場所も忘れずに確
認しておきましょう。

●園児の行動には常に気配り・目配りを
特に休憩時間や自由行動中には、1人きりや園児たち
だけにならないように、また、遠くへ行かないように注
意し、目を離さないようにしましょう。また、不幸にし
て事故が発生した場合には、ただちに救護の措置が取れ
るようにしましょう。

●用具の安全性を確認しましょう
使用する用具に不備がないか、必ず点検しておきましょ
う。

●保護者にも安全指導を行いましょう
運動会でケガをするのは園児だけとは限りません。保護
者など園児以外の参加者にも、きちんと準備運動をして
もらうなど、必ず事前に事故防止に関する説明を行うこ
とが大切です。

安全対策チェックシート

園舎内	点検日 　． 　．	点検者	評価：○ 異状なし × 不良	
区分		点検内容	評価	異状の内容・措置
保育室・遊戯室	窓、出入口	窓・窓ガラス、出入口の戸に損傷はないか		
		窓・窓ガラス、出入口の戸は外れやすくなっていないか		
		引き戸、扉の開閉はスムーズか（レール、蝶番等に損傷はないか）		
		カギ締まりはきちんとできるか		
		カーテン（暗幕）の破損はないか		
		防護柵はしっかり固定されているか		
	ベランダ・バルコニー	防護柵・手すりの高さは適当か		
		防護柵に破損・腐蝕はないか		
		防護柵はしっかり固定されているか		
		付近に踏み台となるような机・椅子等が置いてないか		
		緊急避難時に障害となるものはないか		
	机・椅子、戸棚・ロッカー、陳列台等	机・椅子に、ささくれや釘の出っ張りはないか		
		机・椅子の支柱はぐらついていないか		
		戸棚・ロッカー・用具入れ等は転倒防止措置がされているか		
		扉の開閉はスムーズか（レール、蝶番等に損傷はないか）		
		戸棚・ロッカー・用具入れ等の棚に損傷はないか		
		戸棚・ロッカー・用具入れ等の中や上に置いてあるものは、落下のおそれはないか		
		テレビ台はぐらついていないか、テレビは安定しているか		
		プラグやコードに損傷はないか		
		コードに引っかかったり、つまづくおそれはないか		
	天井・壁面、床面	蛍光灯・電灯の吊り下げ金具や取付金具に損傷はないか		
		蛍光管・電球はきちんと取り付けられているか		
		天井から吊り下げているものに落下のおそれはないか		
		掲示物の画びょうはしっかりとめられているか		
		壁面の額、行事黒板、展示版・掲示板等は落下のおそれはないか		
		帽子掛け・かばん掛け等のフックや金具は、体が触れても危険がないか		
		床面はワックスや水濡れで滑りやすくなっていないか		
		床板やビニールタイルのはがれや浮き、破損はないか		
	遊具・道具類	刃物、千枚通し等の危険なものは安全に保管されているか		
		遊具・玩具に危険な破損はないか		

園舎内		点検日 　　.　　.	点検者	評価：○ 異状なし ✕ 不良	
区分		点 検 内 容		評価	異状の内容・措置
通路	廊下	床面はワックスや水濡れで滑りやすくなっていないか			
		床面に凹凸、亀裂、損傷はないか			
		歩行の危険になるような突起物や段差はないか			
		壁面掲示物・額等はしっかり固定されているか			
		通行の妨げになったり視界を遮るような物が置かれていないか			
		戸棚・ロッカー、陳列台等は転倒防止がされているか			
		窓・窓ガラス、戸などが外れたり倒れたりすることはないか			
		照明器具は損傷・ゆるみはないか			
		照明器具の明るさは適当か			
	階段	滑り止めが取り付けてあるか			
		滑り止めに剥がれ、摩耗、破損はないか			
		ビニールタイルに剥がれや浮き、破損はないか			
		手すりにぐらつきや破損はないか			
		照明器具に損傷・ゆるみはないか			
		通行の妨げとなるものは放置されていないか			
	昇降口	出入口の戸の開閉はスムーズか			
		出入口の戸、窓・窓ガラスに損傷はないか			
		出入口の段差は適当か			
		砂落としに損傷はないか			
		傘立てに損傷はないか			
		靴箱に転倒防止がなされているか			
		すのこに凹凸や損傷はないか			
		清掃用具入れに転倒防止の処置がされているか			
その他	トイレ・ 手洗い場	ドアの開閉に異常はないか			
		たたきや足場は水濡れで滑りやすくなっていないか			
		排水溝・排水口のふたは破損していないか			
	冷暖房 設備	ストーブの周囲は安全か			
		室外機は園児がいたずらできないようカバー等がされているか			
	屋上	屋上出入口は園児が開けられないよう施錠されているか			
	保健室	医薬品・器具類の戸棚は施錠されているか			
		医薬品類等の点検・補充は定期的に行われているか			
		医薬品類の名称、使用についての指示が明示されているか			

園舎外		点検日　　　.　　　.	点検者	評価：○ 異状なし × 不良	
区　分		点　検　内　容		評価	異状の内容・措置
運動場・運動遊具	運動場	大きな石やガラス片等の危険物が落ちていないか			
		バスケットゴール・サッカーゴールポストは、動かないように固定されているか			
		防護ネットに損傷はないか			
	すべり台	登り段が壊れていないか			
		おどり場とすべり面との間の溶接が離れていないか			
		すべり面が摩耗・腐食して穴があいていないか			
		支柱が破損・腐食していないか、ぐらつきはないか			
		登り段・おどり場の手すりに破損・腐食・ぐらつきはないか			
		固定したコンクリート面（特に着地地点）の露呈状態は適当か			
		すべり降りたところに障害物は置いていないか			
		すべり台になわ等が引っかけられていないか			
	ブランコ	チェーンや座り板は腐食・摩耗していないか			
		接続部分・溶接部分は腐食・摩耗していないか			
		ボルト締め部分はゆるんでいないか			
		全体の動きはスムーズか（注油は適当か）			
		支柱が破損・腐食していないか、ぐらつきはないか			
		固定部分のコンクリートの露呈状態は適当か			
		こいでいる時にブランコの振幅範囲内に走りこまないような措置はとられているか			
	うんてい等	接続部分・溶接部分は腐食・摩耗していないか			
		支柱が破損・腐食していないか、ぐらつきはないか			
		固定部分のコンクリートの露呈状態は適当か			
		直下の地面は整備されているか（マット等がしかれているか）			
		直下や固定脚の周囲に障害物はないか			
		握り部分に水濡れ・さび等がないか			
	鉄棒	接続部分・溶接部分は腐食・摩耗していないか			
		支柱が破損・腐食していないか、ぐらつきはないか			
		固定部分のコンクリートの露呈状態は適当か			
		周辺の地面に石・ガラスなどがないか（マット等がしかれているか）			
		握り部分に水濡れ・さび等がないか			
	ジャングルジム(ジム系)	接続部分・溶接部分は腐食・摩耗していないか			
		支柱が破損・腐食していないか、ぐらつきはないか			

園舎外	点検日 　　　　．　　　．	点検者	評価：○ 異状なし × 不良	
区 分		点 検 内 容	評価	異状の内容・措置
		ボルト締め部分はゆるんでいないか		
		固定部分のコンクリートの露呈状態は適当か		
		装飾部位に破損、落下の危険はないか		
		回転式ジムの場合、回転状態は適当か		
	登り棒・ 登り綱、 ネット・ チェーン	接続部分・溶接部分は腐食・摩耗していないか		
		支柱が破損・腐食していないか、ぐらつきはないか		
		棒・ロープ・ネット・チェーンは破損・腐食・摩耗していないか		
		固定部分のコンクリートの露呈状態は適当か		
		直下の地面は整備されているか（マット等がしかれているか）		
	遊動遊具 （遊動円木 等)	接続部分・溶接部分は腐食・摩耗していないか		
		支柱が破損・腐食していないか、ぐらつきはないか		
		動きはスムーズか、きしみ・異常な動きはないか		
		遊動部分のささくれ等の損傷はないか		
運動用具・器具	跳び箱	最上部の帆布部分の破損がないか、止め金具が出すぎていないか		
		重ね部分ははずれやすくないか、全体にがたつきはないか		
		接合部分に破損はないか		
	平均台	渡り部分に、ささくれ、ひびわれ等の損傷や腐食はないか		
		脚や接合部分に破損・がたつきはないか		
	マット	表面の穴あきや、縫合部分のほつれはないか		
		石などの障害物が入ったり、乗っていたりしていないか		
		表面は清潔か、水濡れやべたつきはないか		
	トランポ リン	パイプの接合部分・溶接部分は腐食・摩耗していないか		
		スプリングがはずれていないか		
		スプリングの先端が保護されているか		
		帆布面の摩耗や穴あきはないか		
		水平な面に置かれているか、安定しているか		
		弾み具合は適当か		
	三輪車・ 箱車等	接合部分・溶接部分の破損・腐食、ボルトのゆるみはないか		
		ペダル、サドル、タイヤは破損・摩耗していないか		
		回転部分の動きはスムーズか、注油は適当か		

園舎外		点検日　　　　　．　　．	点検者	評価：○ 異状なし × 不良	
区分		点検内容		評価	異状の内容・措置
園庭・付属施設	砂場	砂場の中にガラス片などの危険物はないか			
		排水状態はよいか			
		清潔面の〔消毒（日光・薬物）〕処置はしたか			
	プール	プールの底、周辺のコンクリートやタイルは破損していないか			
		沈殿物、浮遊物、ガラス等の危険物は入っていないか			
		水の浄化状況、塩素濃度は適正か			
		水深・水温は適当か			
		排水口のふたはきちんと閉まっているか、はずれやすくないか			
		プールサイドやすのこ等、周辺がすべらないようになっているか			
		シャワーや目の洗浄器は清潔で、正常に働くか			
		不要なもの、危険なもの、非衛生的なものがおいてないか			
		園児数とプールの広さは適当か			
	飼育小屋・池	飼育小屋の金網は破損していないか			
		池の周囲に防護柵があるか、高さは適当か			
	倉庫	使用時以外は施錠されているか			
		戸の開閉はスムーズか、破損等はないか			
		倉庫内の用具類はきちんと整理整頓され、崩れたり倒れたりするおそれがないか			
	門扉・塀	門柱にぐらつき、損傷・腐食はないか			
		門扉に損傷・腐食はないか			
		門扉・塀の高さは適当か、乗り越えられない構造か			
		門扉にきしみやがたつきはないか、車輪や蝶番に破損はないか			
		門扉の開閉はスムーズか、開閉速度は適当か			
		柵の間隔は適当か、構造は安全か			
		塀のブロック・レンガ等は崩れていないか、がたつきはないか			

行事等		点検日 　　　.　　　.	点検者		評価：○ 異状なし × 不良	
区　分		点 検 内 容		評価	異状の内容・措置	
遠足・園外保育	準備	目的地までの距離（乗り物・徒歩に要する時間）は妥当か				
		現地までの交通路や付近の様子を下見してあるか				
		最寄りの警察・病院の場所は確認してあるか				
		目的地の安全状態は確認してあるか				
		付き添う教職員・保護者の数は妥当か				
		保護者への通達、緊急時の連絡方法の確認はしてあるか				
	出発前	園児の健康状態は良好か				
		園児の服装・靴・持ちものは動きやすいものであるか				
		園児への注意事項の伝達は十分か				
		非常用の医薬品・連絡簿は準備してあるか				
		利用駅・目的地管理事務所・バス運転手等との連絡は取ってあるか				
	行動中	園児の健康状態に変化はないか				
		人員点呼・確認・報告は時間ごと・移動ごとに行われているか				
運動会・お遊戯会等	準備	競技・演目の内容は園児の能力にあったものであるか				
		使用する用具に破損・腐食・ゆるみ等はないか				
		運動場の広さは適当か、きちんと整備されているか				
		マイクの動作に異状はないか、音量は十分か				
		担当係の人数の配分は妥当か（監視が手薄になる部分はないか）				
		救護体制は整っているか				
		保護者への注意事項の通達はきちんと伝わっているか				
		予行演習は十分に行ったか				
		参加者全員（園児・保護者・教職員）へ安全指導・説明を行ったか				
		園児の健康状態は良好か				
		競技用具・テント等はきちんと設営できたか、支柱にぐらつきはないか				
		準備中の用具の状態に危険はないか、乱雑になっていないか				
		人員点呼・確認・報告は時間ごと・移動ごとに行われているか				

索引

な―の

た―と

は―ほ

ま―も

や―よ

ら―ろ

監修・編集代表・編著・執筆者一覧

● 監修

公益財団法人全日本私立幼稚園幼児教育研究機構

● 編集代表

小田 豊
関西国際大学客員教授・川崎医療福祉大学客員教授

秋田喜代美
学習院大学文学部教授・東京大学大学院教育学研究科客員教授

● 編著

小林美由紀
白梅学園大学大学院子ども学研究科教授

● 執筆者 (執筆順)

小林美由紀 ………………………………………… 第1章・第6章
前掲

古城恵子 ………………………………………… 第2章
帝京短期大学生活科学科准教授

藤城富美子 ………………………………………… 第3章
白梅学園大学非常勤講師

鳥海弘子 ………………………………………… 第4章・第5章
秋草学園短期大学幼児教育学科専任講師

(所属・肩書きは2021年5月現在)

幼稚園・認定こども園キャリアアップ研修テキスト
保健衛生・安全対策

・・・

2021年6月5日　発行

監　　修　　公益財団法人全日本私立幼稚園幼児教育研究機構
編集代表　　小田豊・秋田喜代美
編　　著　　小林美由紀
発 行 者　　荘村明彦
発 行 所　　中央法規出版株式会社

　　　　　　〒110-0016　東京都台東区台東3-29-1　中央法規ビル
　　　　　　営業　　　　　Tel 03（3834）5817　Fax 03（3837）8037
　　　　　　取次・書店担当　Tel 03（3834）5815　Fax 03（3837）8035
　　　　　　https://www.chuohoki.co.jp/

装幀・本文デザイン　　　澤田かおり（トシキ・ファーブル）
カバー・本文イラスト　　タナカユリ
印刷・製本　　　　　　　株式会社太洋社

・・・

定価はカバーに表示してあります。
ISBN978-4-8058-8335-8